L'IMPRESSION DES TISSUS

SPÉCIALEMENT

L'IMPRESSION A LA MAIN

à travers les âges et dans les divers pays.

L'IMPRESSION

AU MOYEN DE PLANCHES EN RELIEF.

L'IMPRESSION DES TISSUS

SPÉCIALEMENT

L'IMPRESSION A LA MAIN

à travers les âges et dans les divers pays.

L'IMPRESSION
AU MOYEN DE PLANCHES EN RELIEF.

DIVERS PROCÉDÉS DE GRAVURE (Bois, Clichés métalliques)

PLANCHES POUR IMPRESSION A LA MAIN
PLANCHES POUR PERROTINE — MATIÈRES PREMIÈRES
OUTILS — MISE EN ŒUVRE
IMPRESSION SIMULTANÉE EN PLUSIEURS COULEURS
COMPARTIMENTS — FONDUS — FEUTRAGE, ETC., ETC.

PAR

JOSEPH DEPIERRE

CHIMISTE.

CH. STUCKELBERGER	CHEZ L'AUTEUR
Libraire	Faubourg de Belfort
MULHOUSE (ALSACE).	CERNAY (ALSACE).

1910

AVANT-PROPOS

Dans les lignes qui suivent, nous nous sommes proposé : d'une part, d'établir la genèse de l'impression des tissus, principalement de l'impression à la main dans les différents pays et aux diverses époques où elle a été pratiquée ; d'autre part, de passer en revue les nombreux moyens techniques employés pour l'obtenir, de l'origine de cette industrie jusqu'à nos jours, avec les changements et les perfectionnements que le progrès y a apportés.

Nous espérons que le public industriel, auquel ce modeste travail s'adresse, l'accueillera avec la même faveur et la même indulgence que les œuvres précédentes du même auteur.

Joseph DÉPIERRE.

L'IMPRESSION DES TISSUS,

SPÉCIALEMENT

L'IMPRESSION A LA MAIN,

A TRAVERS LES AGES ET DANS LES DIVERS PAYS.

PREMIÈRE PARTIE.

L'art de peindre, de décorer, de teindre, d'imprimer et d'ornementer les étoffes avec des couleurs date de l'enfance des sociétés. Alors même que l'usage du vêtement était inconnu ou peu pratiqué, le désir d'attirer les regards de la multitude se manifestait déjà et c'était, soit par l'emploi de plumes, de coquillages, de graines, etc., soit par le tatouage et surtout par la couleur. C'est aujourd'hui encore le goût des peuplades sauvages qui se frottent le corps avec de la terre colorée ou des extraits de plantes, comme cela se pratique chez les Papous de la Nouvelle-Guinée, dans les îles Salomon, les îles des Anachorètes, à Samoa, chez les Indiens de Blakfeet et même chez les Canaques, puis aux îles Carolines, où, quand les naturels veulent faire preuve de suprême élégance, ils se peignent les oreilles avec du curcuma.

On se rappelle que les anciens Gaulois, les Armoricains, les Bretons usaient beaucoup de cette ornementation qui faisait dire à Jules César, dans ses *Commentaires* : « *Omnes vero se Britanni* « *efficit colorem atque hoc horridiores sunt in pugna aspectu* ».

Remontant plus haut, nous voyons que l'homme primitif se servait de peaux de bêtes, puis de la toison des animaux, avec laquelle il sut se confectionner des espèces de feutre (Dumas, *Précis de l'art de la teinture*, p. 179). Plus tard seulement vint le vêtement tissé. La Bible, qui passe pour un des plus anciens monuments écrits, nous parle souvent de teinture, mais, fait intéressant à constater, il n'est jamais, dans aucun passage, question d'impression, de peinture ou d'ornementation de l'étoffe par l'application d'une couleur. Le seul endroit qui pourrait y avoir trait est celui où, dans un des livres de Moïse (*Genèse*, chap. XXXVII), à propos de l'histoire de Joseph, il est dit que Jacob avait donné à son fils Joseph une robe *bigarrée*, présent qui excita au plus haut degré la jalousie de ses frères, lesquels, pour se venger, le vendirent comme esclave.

D'autre part, un des plus anciens ouvrages du monde, le *Ramayana* (Histoire ou Course de Rama, poème sanscrit, par le poète Velhymi ou Valmiki), fait de fréquentes allusions aux vêtements de couleur et à la manière dont on représente, sur les monuments égyptiens, les robes parsemées de raies en zig-zag *de différentes couleurs* qui caractérise tout à fait le mode de teinture des étoffes aux Indes (1).

(1) Tout en recherchant, dans ce travail, les origines et les modes d'emploi de la gravure sur bois, nous sommes forcés de parler de teinture, d'impression et de divers accessoires. Le sujet de la gravure sur bois est trop intimement lié à la fabrication en général pour que l'on puisse en parler sans être amené aussi à traiter, *grosso modo*, les procédés de fabrication et les effets de la mode ou des causes politiques qui influencèrent cette industrie dans certains pays. Si donc, nous faisons une incursion dans le domaine plus général de la tein-

En 1880, des fouilles faites dans une petite localité du Caucase ont mis à jour une série de tissus imprimés dont les archéologues font remonter l'existence à plus de deux mille ans (?) avant notre ère. C'est jusqu'à présent le plus ancien document concernant l'impression qui soit parvenu jusqu'à nous et, particularité très curieuse, les couleurs n'avaient guère subi d'altérations (Voir *Bulletin de l'Académie des Belles-Lettres et Arts de Saint-Pétersbourg*, 1883). Cette trouvaille corrobore les dires des anciens écrivains.

Homère, qui vivait de 1000 à 900 ans av. J.-C., mentionne les étoffes de toutes couleurs fabriquées à Sidon (*Illiade*, liv. VI, vers 289), mais il n'est pas encore question d'impression. C'est Hérodote, qui a écrit vers 480 av. J.-C., qui, le premier, nous parle (chap. CCCIII, liv. I), d'une certaine tribu de la mer Caspienne, avoisinant la Perse, et voici ce qu'il en dit : « Dans ces forêts crois-« sent, à ce que l'on assure, certains arbres dont les feuilles, pilées « et mêlées à l'eau par les habitants, leur servent à faire une teinture « avec laquelle ils peignent sur leurs vêtements des figures d'ani-« maux. Les figures ainsi dessinées ne s'effacent jamais et durent « aussi longtemps que si elles avaient été, de prime abord, tissées « avec le vêtement; elles font autant d'usage que le vêtement lui-« même ». Malheureusement, il n'est donné, dans tous ces auteurs, aucun détail technique et le mode d'opérer est encore une énigme. Il existe, par ci, par là, de rares spécimens d'après lesquels on peut affirmer, sans grossière erreur, que ces anciens tissus ont été obtenus par impression ou par réserve, sans parler de l'impression au trait. Les pagodes de l'Inde exposent encore aujourd'hui de nombreuses reliques que les Brahmanes conservent avec soin et qui

ture et de l'impression, c'est que le sujet de la gravure ne peut être abordé sans traiter incidemment de l'industrie de la toile peinte en général.

sont ainsi ornementées. Les dénominations usitées depuis des siècles, de Bandanas, de Madras, de Paliacats, de cuve d'Inde, de Perses, et ce dans le commerce de toutes les nations, prouvent bien que c'est de l'Asie que nous sont venus les premiers procédés de teinture et d'impression, ainsi que de peinture des étoffes et des fils. Du reste Pline l'Ancien, qui a vécu de 23 ans après J.-C. à 79 ap. J.-C., et qui écrivait à l'époque où l'industrie romaine avait atteint son apogée, mentionne, entre autres particularités qui nous intéressent spécialement, le blanchiment de la laine à l'aide du soufre en combustion (Pline, XXXV, chap. L, et Apulée, *Métamorphoses*, chap. XLII), l'emploi de l'alun (Pline, XXXV, chap. XLII), le mordançage (Pline, XVI, chap. IX), la teinture à la garance (Pline, XIX, chap. XVII), l'emploi de la noix de Galles (Pline, liv. XXXV).

La coloration des tissus était déjà assez avancée dans l'ancienne Égypte, d'après ce que nous dit le même auteur, dans le passage suivant que nous lui empruntons (Pline, liv. XXXV, ch. XLII-11). Voir aussi *Histoire naturelle de Pline*, par Ajasson de Grandseigne, Paris, 1833.

« *De vestium pictura. Pingunt et vestes in Egypto inter pauca mirabili genere, candida vela postquam adtrivere illinentes non coloribus, sed colorem sorbentibus medicamentis. Hoc quum fecere non adparet in velis; sed in cortinam pigmenti ferventis mersa, post momentum extrahuntur picta. Mirumque, quum sit unus in cortina color, ex illo alius atque alius fit in veste, accipientis medicamenti qualitate mutatus. Nec postea ablui potest : ita cortina non dubie confesura colores, si pictos acciperet, digerit ex uno pinguitque dum coquit. Et adusta vestes firmiores fiunt, quam si non urerentur.* »

« On peint aussi en Egypte les habits d'une façon tout à fait
« étonnante en ce qu'on applique, sur les tissus blancs après qu'ils
« ont été foulés, non pas des couleurs, mais des réactifs qui sont
« destinés à absorber celles-ci. Ceci fait on plonge, dans une chau-
« dière de teinture bouillante, le tissu qui n'a pas subi de change-
« ment apparent, puis, le matin suivant, on le retire complètement
« coloré. Il y a de plus ce fait singulier que, bien que la teinture de
« la chaudière soit de couleur uniforme, l'étoffe, au moment où on
« la retire, est teintée de diverses couleurs, suivant la nature des
« réactifs (probablement mordants) que l'on a respectivement appli-
« qués et ces couleurs sont ineffaçables. Ces genres de tissus bouil-
« lis sont beaucoup plus solides à l'usage que s'ils n'avaient pas
« été cuits. »

Ces lignes indiquent, à notre avis, non pas l'emploi de réserves,
mais de mordants divers déposés sur l'étoffe, puis teints et l'on
voit que, donnant diverses couleurs dans le même bain, il fallait
nécessairement divers mordants. Nous sommes d'autant plus
portés à admettre l'impression aux mordants que d'autres documents très importants (d'après le professeur Karabaček) ont été
découverts à El-Fayum en Egypte, en 1878, par Théodore Graf. Ce
sont des tissus *imprimés*. Quelques-uns d'entre eux que nous avons
vus au Musée oriental de Vienne consistent en des espèces de robes
destinées à habiller les morts. On a retrouvé en même temps des
jouets d'enfants parmi lesquels se trouve une poupée revêtue
d'une tunique imprimée en couleurs diverses (Voir *Die Egyptische
Textilfunde im k. k. Oest Museum*, Vienne, 1889, chez R. de Wal-
dheim, et aussi l'article de Moritz Dreger dans *Kunst und Kunst-
handwerk*, Vienne, 1905, page 84).

Le mode d'application de ces mordants, de ces couleurs, nous est

inconnu ; mais d'après des fouilles récentes exécutées à Achmim-
Panopolis en 1898 par M. Forrer, et celles faites par M. Gayet à
Antinoüs en 1903, on voit que beaucoup de ces étoffes ont été
imprimées à la main avec des modèles en bois. On a même trouvé
quelques-unes des planches qui servaient à ce mode d'impression,
et nous en empruntons la reproduction à M. Forrer (*Die Kunst des
Zeugdrucks*, page 10) (1).

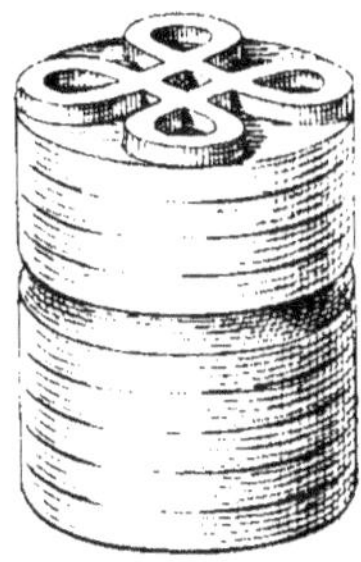

Fig. 1.
Modèle de planche en bois.

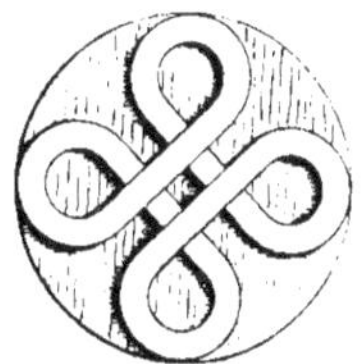

Fig. 2.
Partie supérieure de la fig. 1.

Fig. 1, 2. — Planches trouvées dans les fouilles d'Achmim (1898).

Les divers traducteurs de Pline ont interprété, chacun à son
point de vue, les mots *sed colorem sorbentibus medicamentis*. Ainsi,
Ajassan traduit par : substances sur lesquelles mordent les couleurs ; Osiander et Schwob (*Rœmische Prosaïker*, 1856, vol. 212,
page 1018) disent : substances qui absorbent les couleurs. Forrer

(1) Nous avons fait, avec la permission spéciale de l'auteur, M. Forrer, de
nombreux emprunts à son remarquable ouvrage (*Die Kunst des Zeugdrucks*,
Strasbourg, 1898) lequel n'a paru qu'en allemand. Nous lui adressons nos bien
sincères remerciements pour sa gracieuse autorisation de laquelle nous avons
largement profité.

trouve que les *medicamenta* de Pline n'étaient ni des mordants, ni
des absorbants, mais bien des substances qui, une fois appliquées
sur l'étoffe, faisaient obstacle à l'effet de la teinture. Il se base sur
ce qu'en Perse, aux Indes, etc., etc., pour obtenir une telle sub-
stance, on préparait une pâte qui se composait de cire ou de terre
argileuse avec laquelle on imprégnait le modèle destiné à imprimer
sur l'étoffe ceux des dessins qui, dans la teinture, devaient être
réservés en blanc ou rester dans la couleur originale de l'étoffe.

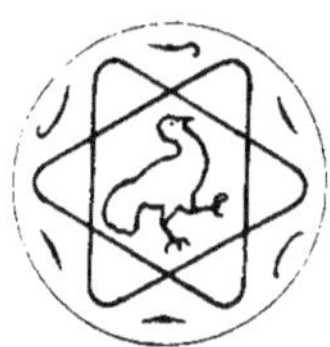

Fig. 3. — Empreinte d'un modèle en bois trouvé dans les fouilles d'Achmim.

(C'est le procédé appliqué plus tard, au XVIIe siècle, et appelé procédé
la réserve). La preuve en faveur de cette manière de voir est, dit
Forrer, la robe antique qu'il a trouvée à Achmim, l'ancienne Pano-
plis, en Haute-Egypte. Cette robe provient de la nécropole qui se
trouve sur une colline du désert, entre la ville copte d'Achmim et la
montagne qui sépare l'Egypte de la mer Rouge. Cette tunique
d'enfant, dont la forme se rapproche de celle de Trèves considérée
comme un des vêtements de J.-C., comporte un dessin se composant d'un filet de lignes ≈≈≈≈≈ avec une rosace dans chaque carré
et un grand point blanc rond, là où les lignes se croisent. L'étoffe
est en lin non blanchi et le dessin est blanc sur bleu, c'est-à-dire
imprimé en blanc sur le fond bleu. Le teinturier imprimeur avait
trois modèles-planches, l'un pour la ligne composant le filet, un

second pour le pois formant le nœud du filet et un troisième pour
les rosaces intérieures. La pâte avec laquelle on imprimait ces ornements était, soit la cire, soit la terre argileuse dont il est parlé plus
haut : celle-ci séchée et appliquée, on plongeait l'étoffe dans le bain

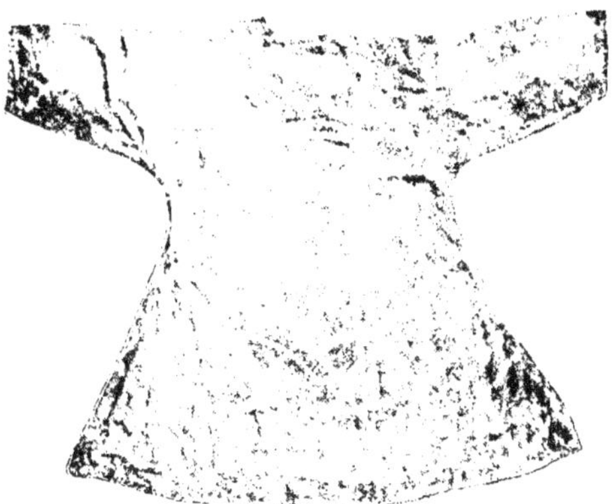

Fig. 4. — Tunique d'enfant d'Achmim (Haute-Egypte). Impression
réserve teinte en bleu.

de couleur bleue et, après la teinture, on enlevait la pâte par un
bain ultérieur. Le dessin (où la couleur de teinture n'avait pas pris
à cause de la pâte appliquée par les formes) se trouvait ainsi ressortir en blanc sur fond bleu *Les imprimeurs de tissus dans leurs
relations avec leurs corporations*, par R. Forrer, Strasbourg 1898,
pages 8 et suivantes . En outre de cette tunique et des planches
déjà citées, on a trouvé, dans les nécropoles d'Achmim et de Lak-
karah, des tissus imprimés en deux couleurs et des modèles en
relief, en bois sculpté, dont nous reproduisons ici un spécimen
(fig. 5).

L'échantillon de Forrer indiqué plus haut est bien fait avec de la réserve, mais il est certain que le procédé par application de mordant était connu et il ressort en partie de ce que dit Pline, dans lequel nous croyons trouver, par l'expression de *medicamentis sorbentibus*, les mordants donnant plusieurs couleurs dans un même bain. On sait que les Egyptiens rendaient les couleurs solides en

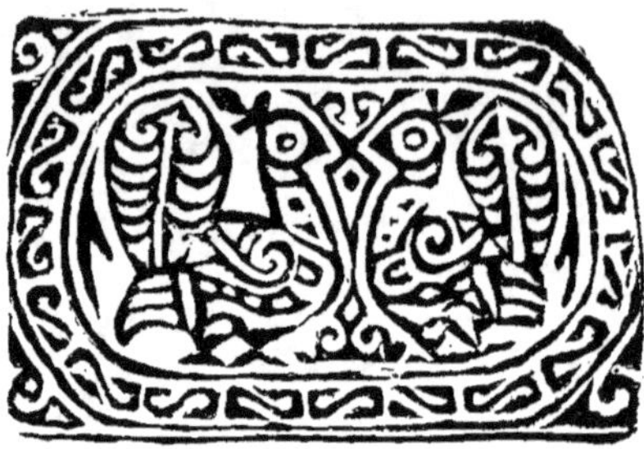

Fig. 5. — Planche d'imprimeur, en bois sculpté, d'Achmim.

trempant préalablement les étoffes dans des bains incolores par eux-mêmes, puis ensuite dans le mélange colorant (voir Fol. *Guide du teinturier*, page 4). A ce sujet citons Angeli de la Brosse (*Lexicum Persium sub « tinctoria ars»*). Il rapporte une curieuse légende persane qui dit que Jésus-Christ aurait été, dans son enfance, apprenti dans un atelier de teinture. Le maître teinturier, en lui remettant un certain nombre de pièces, lui ordonna de les teindre en diverses couleurs. Jésus les plongea toutes à la fois dans le même bain et les en ressortit diversement colorées, au grand étonnement du teinturier. D'après cela, on était arrivé à teindre avec des mordants qui, selon leur force ou leur composition, donnaient des couleurs différentes. Il est certain que cet art était pratiqué en Perse et les ateliers de teinturiers-imprimeurs s'appelaient « Ateliers du Christ ».

Aujourd'hui encore, le Christ y est patron des teinturiers. D'après ce qui précède, par les citations de Pline (où il indique l'emploi de l'alun, des mordants, de la garance, etc.) puis ces diverses citations où il est question de plusieurs couleurs obtenues dans le même bain, nous sommes autorisés à admettre l'emploi des procédés à la réserve et de ceux par impression, puis par teinture.

Cet art s'est-il répandu de l'Egypte dans les autres pays de l'empire romain? C'est une question non encore résolue. Toujours est-il qu'il y a eu des spécimens importés en Europe, tels ceux qui avaient servi à l'ensevelissement de saint Ambroise mort à Milan, en 397, et l'échantillon de lin du tombeau de saint Césaire, à Arles, qui date du vᵉ siècle.

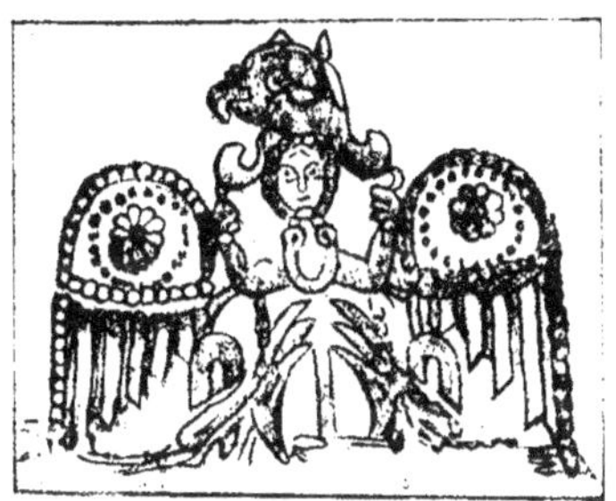

Fig. 6. — Etoffe de coton, en trois couleurs, de l'église de Quedlimburg (Prusse), attribuée au vᵉ siècle.

Citons encore le tissu de coton, imprimé en rouge, or et noir, représentant Ganymède emporté par l'aigle, trouvé dans l'église de Quedlimburg, fig. 6 (voir Prof. Jul. Lessing, *Jahrbuch den Kœnigl Preus. kunst. Sammlungen*, 1880) et attribué à des Perses de l'époque des Sassanides (de 225 à 600 ap. J.-C.).

Les documents sur l'impression et même sur la teinture à l'époque de la période romaine font défaut (1), par la raison que les

(1) En dehors de l'impression à la main avec la planche en bois gravée en relief, impression et gravure dont nous nous occupons spécialement dans la deuxième partie, indiquons ici sommairement les divers et nombreux modes d'impression ou d'ornementation des étoffes.

Le spécimen d'impression à la main que nous joignons ici est, quant au sujet, fait de séries de planches se raccordant, mais ne se renouvelant pas, la bordure au contraire est faite d'un seul sujet, se raccordant et se renouvelant (fig. 7).

Un des plus anciens procédés est celui à la planche en bois gravée *en creux* : les dessins, qui rappellent les inscriptions cunéiformes, étaient choisis de façon à ne pas comporter de sujets trop fins ou délicats. Baines dit que les Chinois se servaient de planches bien longtemps avant que l'impression ne fût connue en Europe. D'après Chardin, les Persans employaient des moules depuis un temps immémorial. Dans certaines parties de la Chine, on emploie encore la planche gravée en creux et l'on pouvait en remarquer, dans les expositions universelles de 1878 et 1900, des spécimens, surtout en réserve sous bleu de cuve. C'est ce procédé qui est, en somme, le point de départ de notre rouleau actuel qui, naturellement, a passé par une grande série de perfectionnements pour arriver à l'état où il se trouve aujourd'hui.

Un autre ancien procédé est celui qui consistait à matter l'étoffe avec une composition à base de cire, pour ensuite, avec un poinçon de bois, l'enlever en formant le dessin. Par teinture, généralement d'indigo, ce dessin ressortait dans les endroits où la cire avait été enlevée. Ce procédé est dû aussi aux Chinois qui, dans certaines régions, le pratiquent encore. Ce n'est pas à proprement parler de l'impression, mais plutôt de la teinture sur réserve, c'est-à-dire de la toile teinte.

Il existe un procédé indien consistant à appliquer le mordant ou la couleur au moyen d'une sorte de tire-lignes garni d'une petite éponge ou d'un tampon contenant la composition (mordant ou couleur) que l'on applique sur l'étoffe. Ce que l'on obtient par ce procédé est de la toile ornée de dessins, mais qu'à proprement parler on ne peut dénommer ni toile teinte, ni toile peinte, car avec ce mode d'opérer, on peut faire de la réserve sous teinture ou de l'ornementation directe en mettant la couleur réelle, ou de la teinture par mordant (voir fig. 8).

Dans l'archipel indien, à Java, Sumatra, etc., on se sert d'une sorte de pipe, analogue à notre pipe en terre ordinaire, mais munie d'un orifice à la partie inférieure du fourneau. La couleur est renfermée dans le réservoir de la pipe et s'écoule par le bas, pendant que l'on promène l'appareil sur le tissu où le

Grecs et les Romains qui héritèrent de leurs procédés industriels négligèrent de les décrire, l'industrie étant, à cette époque, considérée comme une occupation indigne de l'homme libre. On peut

dessin a été préalablement tracé. C'est le procédé usité pour les battiks qui se fabriquent encore aujourd'hui en quantités importantes, principalement dans les colonies hollandaises. On imite en Europe ce genre d'étoffe avec le rouleau, mais les indigènes ne s'y trompent pas et reviennent par la force de l'habitude et surtout par goût, aux produits du pays, bien qu'ils soient plus chers, quoique fabriqués dans des localités où la main-d'œuvre est, pour ainsi dire, insignifiante, relativement aux prix d'Europe (Voir : Fabrication des battiks, *in Bulletin de la Société ind. de Rouen*, pages 260 et suivantes)

Il faut ajouter que les produits d'imitation sont loin de valoir les battiks vrais, qui ont un cachet tout particulier, inimitable, et ce d'autant plus qu'ils n'ont pas de rapport exact (voir fig. 9).

Dans le moyen âge et jusque vers 1830-1840, à l'époque où l'on imprimait, à la main, trois ou quatre couleurs avec la planche en bois (noir, puce, rouge, rose, ou violet en garance), on chercha à enluminer les étoffes en y ajoutant des couleurs que l'on ne pouvait obtenir par la teinture. C'est alors que parut la renteure au pinceau et ce fut le bleu (d'où le nom de bleu de pinceau) qui fut la première couleur employée; puis vinrent le jaune de rouille et d'autres jaunes lorsque vers 1765 on connut l'application de la gaude et de la graine de Perse; enfin, quand fut employé le vaporisage, on remplaça le pinceau par des planches en bois avec lesquelles toute l'étoffe était alors imprimée. Dans la deuxième partie de cet ouvrage, nous nous occuperons tout spécialement de la gravure de ces divers genres de planches.

Nous disions que les enluminages se faisaient au pinceau. On employait à cet effet de petites branches de saule, coupées au printemps lors de la pousse de la sève; les ouvrières, dites pinceauteuses, les écorçaient, leur donnaient la longueur voulue, soit celle d'un pinceau emmanché, environ 10 à 15 centimètres, puis, plaçant les deux bouts alternativement sur un caillou poli, en écrasaient la libre, en la frappant à plusieurs reprises, d'un autre caillou. On obtenait ainsi un petit pinceau de bois, à l'aide duquel on prenait la couleur et la déposait sur les parties du tissu qui devaient la recevoir. Avec les perfectionnements de la fabrication et de la gravure, on remplaça les pinceaux par d'autres planches qui venaient s'adapter exactement dans les intervalles du contour et qu'on appela « renteures ».

Le procédé au gabarit ou au pochoir, pratiqué encore aujourd'hui par les Japonais sur une vaste échelle, est souvent combiné avec celui à la planche, laquelle forme les contours, tandis que les renteures sont faites au gabarit. Ce

IMPRESSION A LA PLANCHE, DITE A LA MAIN

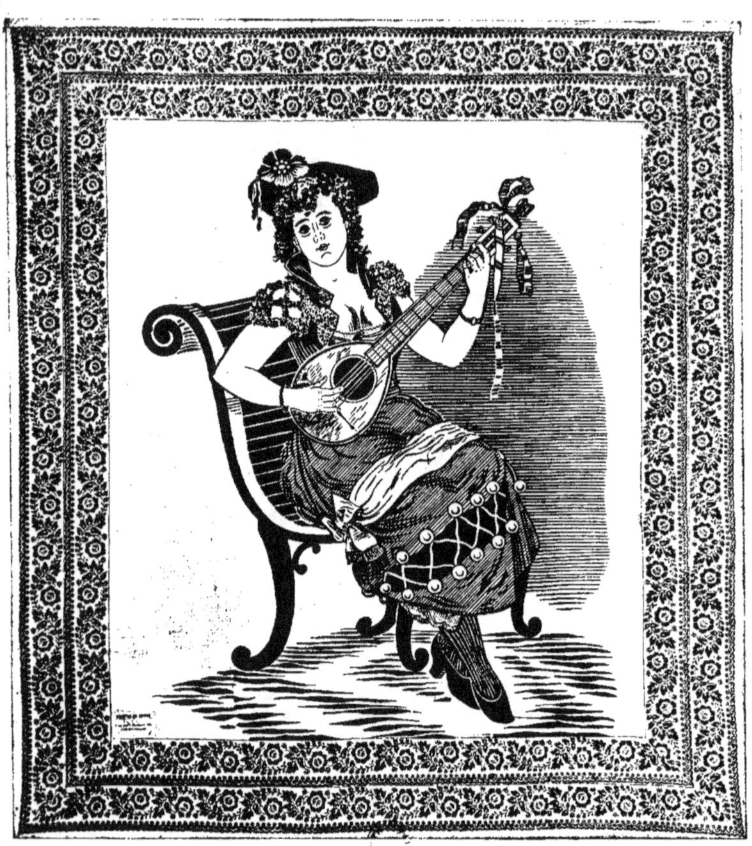

Fig. 7. — Fabrication moderne Hollandaise.

Le sujet est formé de planches diverses se raccordant sans se renouveler

La bordure, au contraire, a un Rapport et se renouvelle, ce que l'on peut voir sur les côtés

Hauteur : 1m40

Largeur : 1m20.

ilhouse.

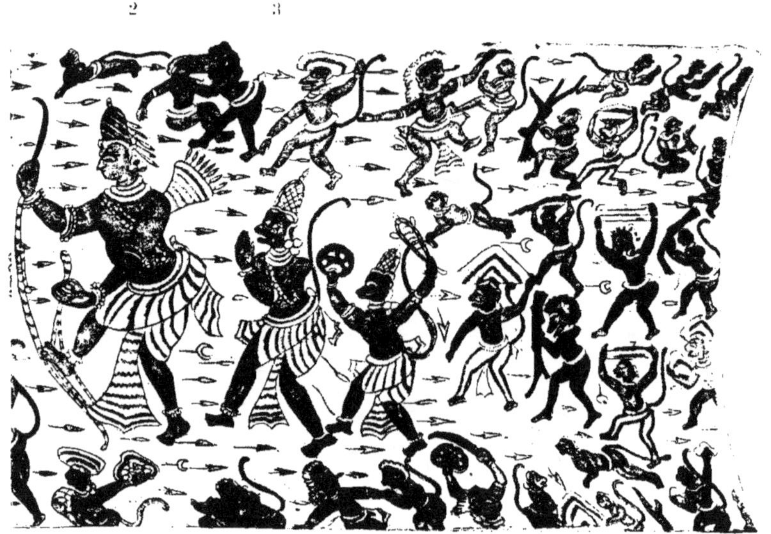

ceau de bois. (Voir page 12).

dix têtes Ravana (4) *roi de Laukai.*

IMPRESSION AU TRAIT ET AU PINCEAU

Reproduction d'une toile peinte de l'Inde, provenant du Musée de Dessin Industriel de la Société Industrielle de Mulhouse.

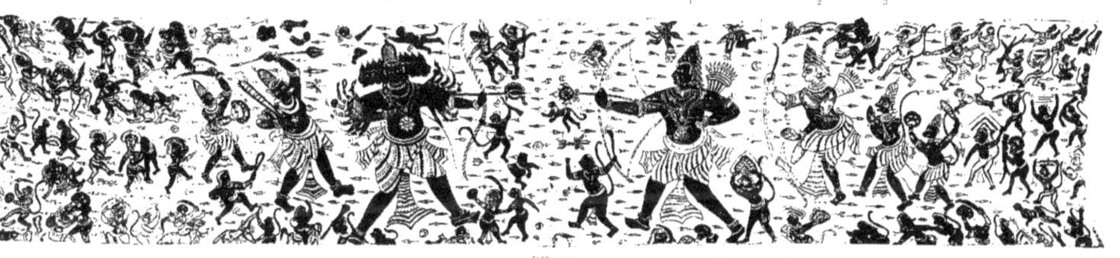

Fig. 8. — Les sujets représentés ci-dessus sont faits en quatre couleurs, le contour est tracé au trait, et les rentrures sont faites au pinceau de buis. (Voir page 12).

Cette toile retrace un épisode tiré du Ramayana, poème épique le plus répandu de tous les livres indiens et le plus généralement lu.

Le grand combat de Rama (1) ou Ramachandra, la 7e incarnation de Vichnou, assisté de son frère Lutchoumana (2) et du roi des Singes Anouma (3) contre le géant à dix têtes Ravana (4) roi de Lankai.

(Voir Bulletin de la Société Industrielle de Mulhouse, 1910).

TOILE PEINTE

EN IMPRESSION DITE BATTIK

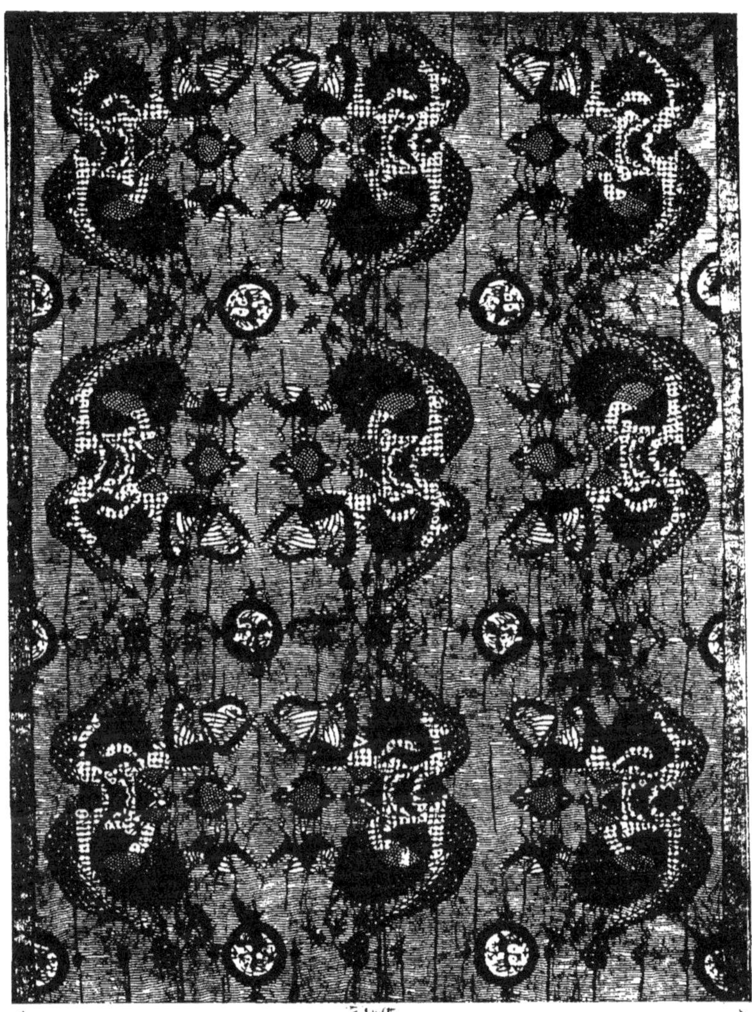

Fig. 9. — Reproduction de Battik en 3 couleurs : Cachou, Bleu, Noir.

N.-B. — Le dessin, tout en ayant une certaine régularité, n'est pas absolument égal. Les petits traits irréguliers en long et en travers proviennent des brisures de la cire.

Largeur de l'étoffe : 1ᵐ05. Le rapport a 0ᵐ60 en longueur et 0ᵐ33 à 0ᵐ34 en largeur.

cependant tenir pour certain que les Orientaux et surtout les Indiens n'ont pas apporté de modifications sensibles aux procédés de leurs ancêtres.

moyen permet de produire des fondus de toute beauté qu'il est très difficile et fort compliqué d'obtenir par les autres méthodes. On applique sur l'étoffe des plaques de carton découpé suivant le dessin à reproduire et, avec un pinceau, on passe de la couleur sur ce carton : dans ce cas, nous avons de la toile *peinte*, mais non dans l'acception du mot actuel.

Comme procédés curieux, citons ceux des Japonais, dont l'un est le suivant.

L'imprimeur a deux planches, l'une unie, de la longueur de l'étoffe qui n'a que 0 m. 40 de large et 1 mètre de long ou même moins, suivant le dessin ; l'autre planche a les mêmes dimensions et, en plus, des incisions correspondant au dessin à exécuter. Ces incisions sont faites de façon à traverser le bois et se terminent, à la partie supérieure, en forme d'entonnoir. Pour imprimer, on place une pièce d'étoffe, voire même deux, entre les deux planches ; puis on serre fortement. On fait couler la couleur dans les petits entonnoirs de la planche supérieure, comme on fait dans une lingotière, et, quand on suppose le tissu suffisamment imbibé, on retourne le tout pour vider l'excédent de couleur, puis on recommence jusqu'à ce que la ou les pièces soient finies. L'étoffe est alors mise à sécher et traitée suivant les couleurs employées.

Les Anglais connaissaient-ils ce procédé ? Nous l'ignorons ; toujours est-il qu'ils en ont employé un analogue, mais mécaniquement pour faire les bandanas et les mouchoirs dits à la presse écossaise.

Un autre procédé également japonais, aussi long que simple, est employé pour les teintures par nœuds (shiboris). Tout l'outillage consiste en petites baguettes de la forme de fortes allumettes, en bois très dur, et une pelote de fil ciré. En mettant la pointe de la baguette sous le tissu, on forme un petit cône que l'on ficelle avec le fil ciré, ce qui constitue un nœud dans l'étoffe, et c'est avec ces nœuds, disposés de différentes façons, que l'on obtient des dessins variés. Pour teindre, on plonge l'étoffe dans des cuves de couleur (le bleu est la teinte préférée) ; les endroits noués restent blancs et le fond de l'étoffe est teint ; puis, tout terminé, on enlève les bois et les fils et l'endroit noué forme, en plus, une sorte de gaufrage ; cette fabrication présente un cachet artistique très prononcé et se fait sur tous textiles (Voir *La toile peinte à l'Exposition universelle de Paris*, 1900, page 110. *Bulletin de la Société Ind. de Mulhouse*, 1901, page 335) (Voir fig. 10).

Ces différents procédés, sauf quelques-uns, rentrent dans l'impression à la main. La mécanique en a imaginé de plus sûrs, plus rapides et c'est à elle que nous devons l'impression à la planche plate, gravure en creux sur des

Dans les premiers temps du christianisme, au moment de la centralisation exagérée des Romains, plusieurs branches de l'industrie avaient considérablement progressé ; mais nous n'avons aucune description des procédés de cette époque. On sait que l'impression

planches métalliques plates, qui s'imprimaient comme la taille douce. Nous avons eu plus tard la perrotine imitant la fabrication à la main et produisant beaucoup plus que cette dernière ; mais, de tous ces procédés d'impression, c'est celui au rouleau, imaginé par Bell en 1770, qui a détrôné les autres. Il consiste en une gravure en creux, sur une surface cylindrique rotative, ou rouleau, avec ses diverses modifications : machine Samuel, impression traînée, etc. Planches plates rotatives. — Plombine. — Métier à surfaces, etc., etc.

La gravure prend la couleur et celle-ci est déposée sur l'étoffe, après que l'excédent a été enlevé par une lame dite racle (fig. 11, 12, 13).

Au point de vue artistique, les produits à la main ont un cachet tout particulier que le rouleau ne donne pas. Avec lui, les formes sont trop arrêtées, trop vives et quoi qu'on fasse, manquent d'air ; l'ensemble est plutôt sec ; tandis que l'impression à la main a un certain *flou* qui donne plus d'expression, si l'on peut dire, à l'étoffe et la revêt d'une certaine douceur que les machines ne peuvent rendre.

Enfin, nous sommes amenés à parler d'un nouveau mode de toile peinte, dans la pure acception du mot français, qui fut imaginé vers 1878-1880. Il consiste en une véritable peinture exécutée par des artistes spéciaux sur des tissus imitant le point de tapisserie. Ce procédé offre d'assez grandes difficultés, les couleurs que l'on emploie n'ayant pas leur valeur réelle au moment de leur application, il faut que l'artiste connaisse d'avance le résultat de ce qu'il met sur l'étoffe pour que le tableau soit à point. La peinture faite, on vaporise, puis on lave. Quand il n'y a que peu à changer, on peut, par des retouches, arriver à mettre bien au point ; mais c'est toujours difficile. L'hôtel Continental de Paris avait, en 1878, plusieurs dessus de portes fabriqués par ce procédé et, à Rouen, il y eut en 1879 une exposition où figuraient des tableaux de Luminais, de Henner, de Benner, etc., reproduits de cette façon (voir *Bulletin de Rouen*, 1881, pages 337 et 377). Nous avons eu nous-même occasion de traiter en 1879 des étoffes peintes par ce procédé.

Nous venons de faire ressortir l'expression de « toile peinte » mais elle est devenue illogique en ce sens que les tissus ainsi dénommés sont aujourd'hui principalement obtenus par l'impression, soit à la main, soit à la perrotine ou surtout au rouleau. Cette dénomination surannée n'existe plus que pour les papiers que l'on appelle encore *papiers peints* quoiqu'ils soient faits à la machine et quelquefois même à la main. Dans les autres langues, en allemand

TOILE PEINTE PAR NŒUDS

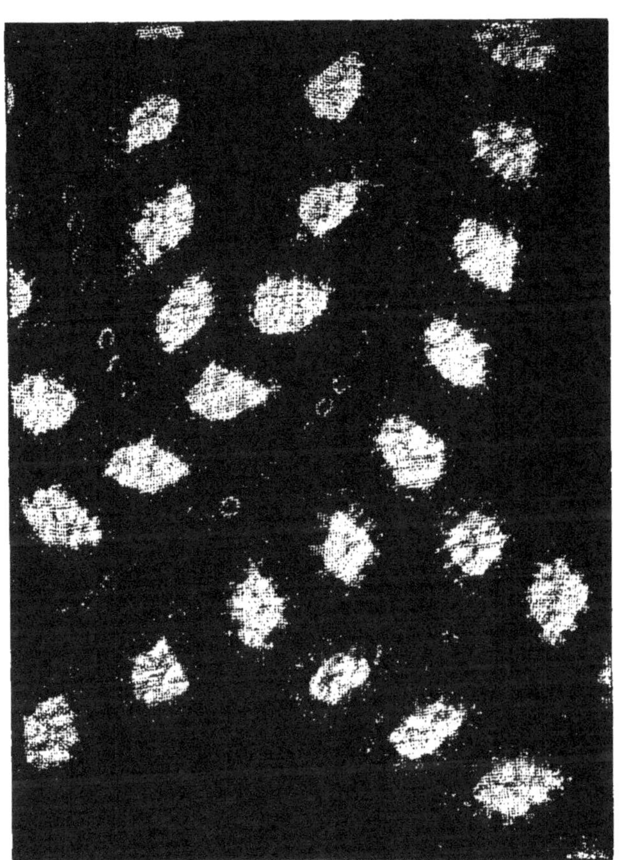

Fig. 10. — Reproduction en grandeur naturelle d'étoffe Japonaise
obtenue par les procédés de teinture aux nœuds, genre dit *Shibaris*.

N. B. — Le tissu n'a jamais plus de 0m35 de large. Dans la figure on voit marqués les points
des endroits où a passé le fil destiné à faire les nœuds, et qui n'ont pas pris la teinture.

IMPRESSION AU ROULEAU

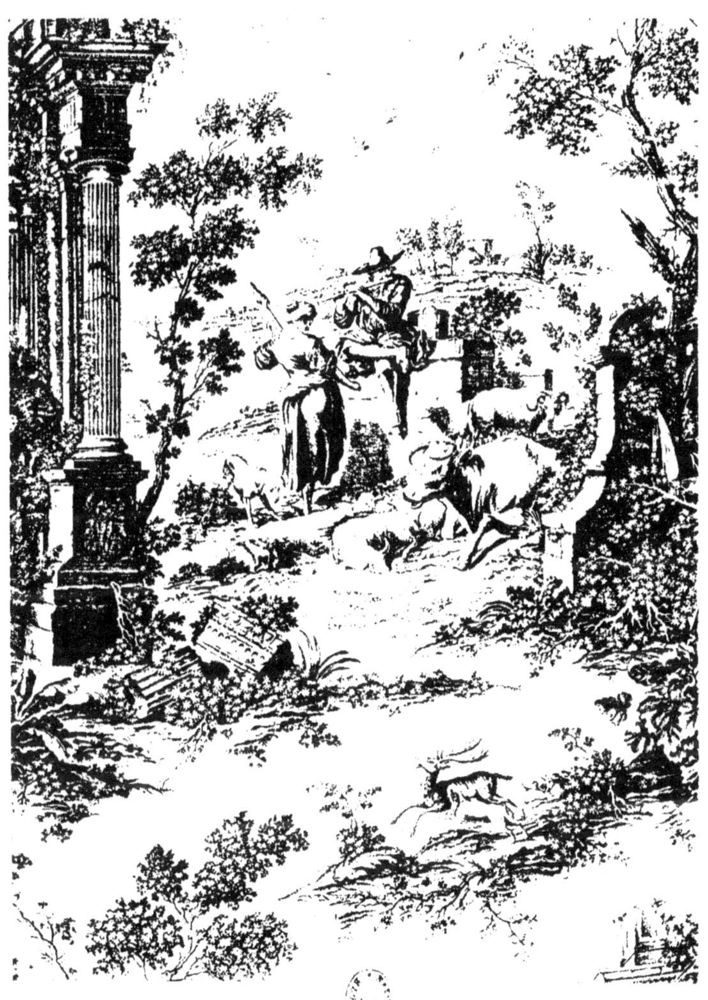

Fig. 11. — Reproduction d'un Meuble XVIII° siècle.

Le sujet représente une scène champêtre. (1° partie du dessin.)

HAUTEUR : 1^m80.

LARGEUR : 0^m80.

IMPRESSION AU ROULEAU

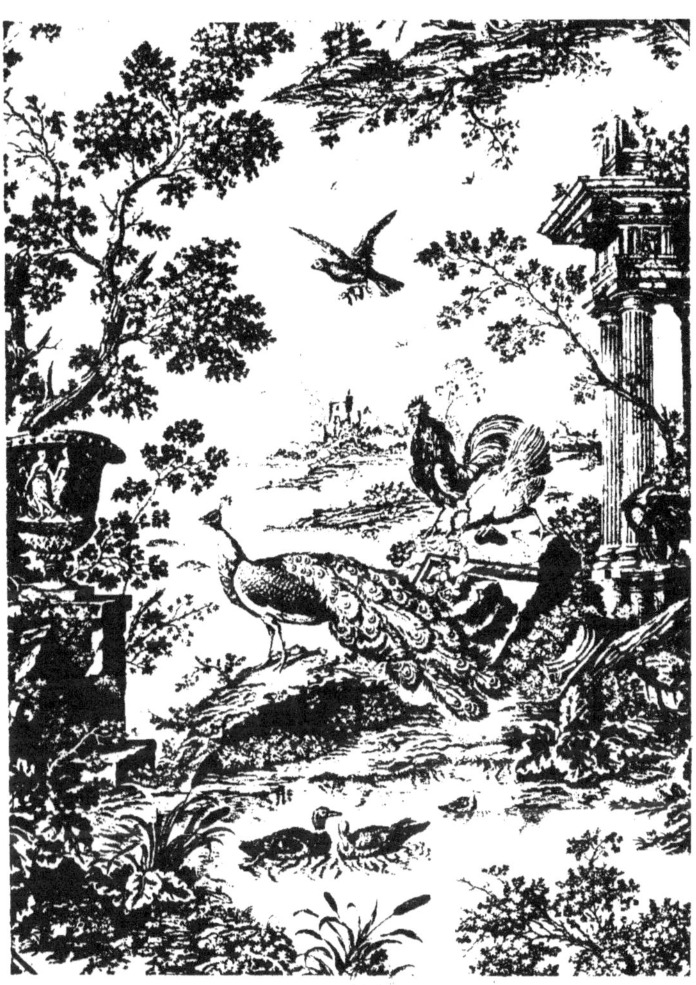

Fig. 12. — Reproduction d'un meuble XVIIIe siècle.

Le sujet représente une scène champêtre. (2e partie du dessin.)

HAUTEUR : 1^{m}80.

LARGEUR : 0^{m}80.

IMPRESSION AU ROULEAU

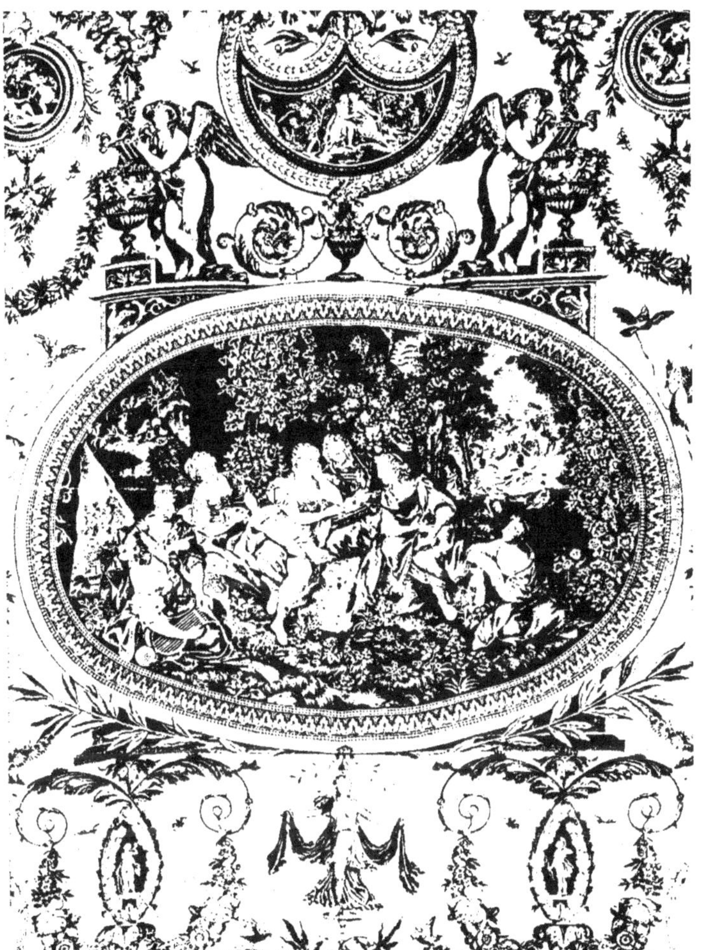

Fig. 13. — Reproduction d'un Meublé au Rouleau du XVIII° siècle

Le sujet représente les Aventures de Télémaque.

Hauteur : 1 mètre.

Largeur : 0m80

était connue et même que les produits gaulois étaient recherchés jusque dans la capitale de l'empire. Déjà sous les Romains, les diverses industries étaient groupées en *Collèges* qui, plus tard, devinrent des *Corporations* ; mais il est difficile de préciser l'époque où se fit cette transformation. Quelques corps d'état purent se grouper d'une manière assez compacte et avec une organisation plus ou moins rudimentaire. Parmi eux nous trouvons, déjà du temps de Charles Martel, la corporation des maçons, qui jouissait de certains privilèges, et celle des foulons.

Ainsi que nous le faisions remarquer précédemment, du temps de l'empire romain, l'industrie était une profession domestique exercée par l'esclave au profit du maître. Chaque propriétaire d'esclaves faisait fabriquer chez lui, non seulement tout ce qui pouvait servir à son usage, mais il vendait les produits de leur industrie à tout acheteur. Depuis le ve siècle, on aperçoit la trace directe ou indirecte de corporations d'artisans libres, et elles formaient, à ce temps-là, dans beaucoup de villes, une des principales et des plus importantes parties du peuple.

Au milieu de l'effondrement du monde romain, et par suite de l'invasion des barbares du Nord, tous les arts s'éteignirent dans l'Occident ; une seule chose resta, ce fut le cloître. Il devint un

drucksorte, druckwaare, en anglais *prints*, en espagnol *estampados*, la définition est exacte.

Le terme de « toile peinte » vient du xviie siècle, quand une ambassade siamoise importa les toiles de l'Inde, d'où « indiennes » puis « toiles peintes » parce que c'étaient seulement les contours qui étaient imprimés et que les rentrures étaient faites au pinceau.

La dénomination de toile peinte est restée en France seulement, tandis que dans les autres pays le nom d'indiennes a prévalu (O. de Schorn. *Textil Kunst.,* Leipzig. 1885, page 64) : *Histoire documentaire de l'industrie de Mulhouse au XIXe siècle*, page 284.

immense asile et les populations laborieuses, groupées et abritées à l'ombre des abbayes et des monastères, sauvèrent les traditions des arts industriels et libéraux (Voir Castel, *Les Tapisseries*).

Du ve au viiie siècle, l'esprit religieux du peuple et la dureté des temps avaient contribué à augmenter ces monastères. Chaque établissement formait comme une petite société qui pouvait se suffire à elle-même. Pour les besoins matériels, ils avaient des métairies, qui étaient exploitées par des colons et des serfs. Les moines et leurs serviteurs pratiquaient les méthodes utiles tout en cultivant les beaux-arts. Ils fabriquaient les étoffes, teignaient les tissus, façonnaient l'ivoire, l'argent, etc. (*Lettres* de Servat-Loup, abbé de Ferrières). Puis vinrent les croisades. Pendant cette période, le commerce européen et l'industrie prirent un nouvel essor et nous voyons que c'est en 1230, sous Louis IX, qu'il fut formé une corporation dite des *Teinturiers* qui avait pour patron saint Maurice.

En obéissant au principe d'association, les classes ouvrières du viiie siècle assuraient leur indépendance ; mais en échappant aux exactions féodales et à d'autres causes d'oppression, les artisans immobilisèrent leurs procédés et fermèrent la porte à l'esprit d'invention comme à l'action progressive des années. Ce n'est que vers le xive et le xve siècles que l'impression devint une industrie. Nous allons passer en revue les diverses phases de l'impression à la main et de la gravure, en suivant chronologiquement ses applications et ses progrès ; nous commencerons par l'Allemagne, puis viendront l'Espagne, l'Italie, la Hollande, l'Angleterre, la Prusse, la Russie, pour terminer cette revue par la France.

Allemagne 1. — Les graveurs sur planches existaient depuis

(1) Nous avons employé ici le terme général d'Allemagne quoiqu'il ne corresponde pas à l'expression géographique exacte de ce pays. Les divers pays

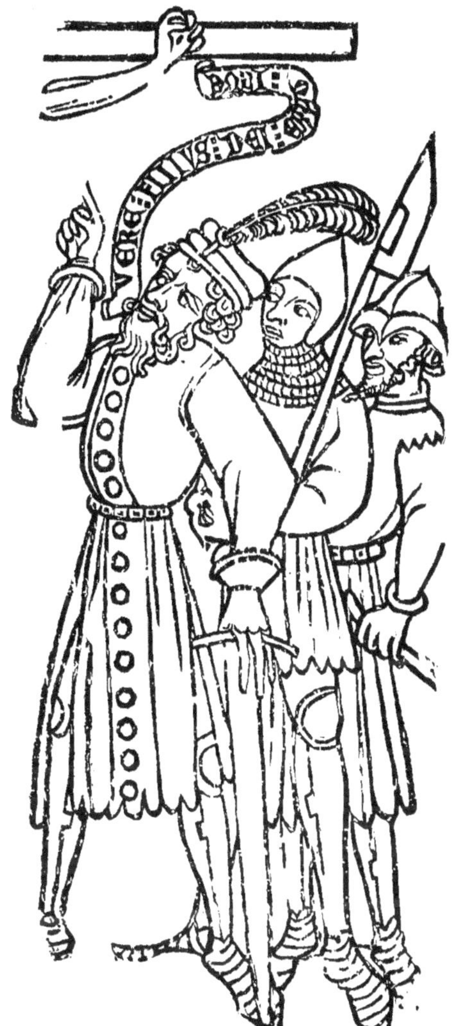

Fig. 14 — Le Centurion et les deux soldats.

Bois Protat. Endroit réduit au 1/3. L'original a 0 m. 60 de hauteur. 0 m. 23 de large et 0 m. 025 d'épaisseur (Extrait de *Un ancêtre de la gravure*, par Henri Bouchot, page 41).

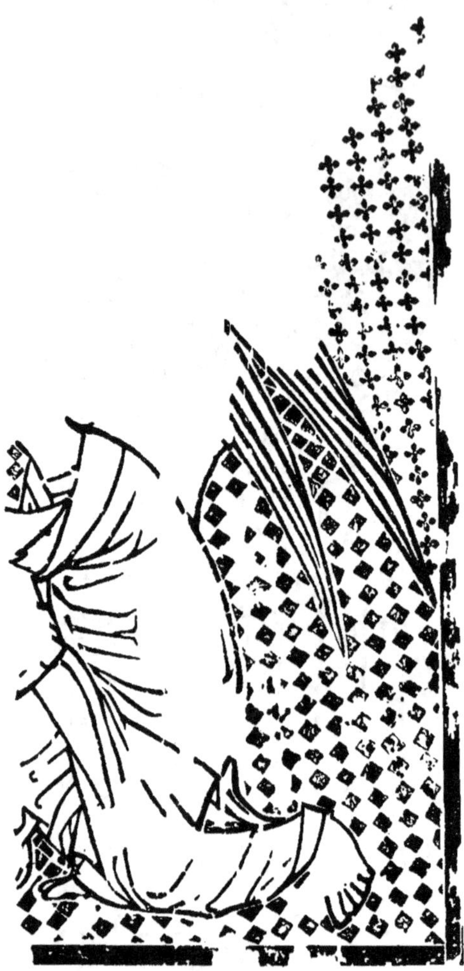

Fig. 15. — Envers du bois Protat. Il n'y a que ce qui est indiqué ici qui est
gravé, le reste manque. Ce bois représente un fragment d'Annonciation, il
est réduit ici à la moitié.

longtemps en Allemagne, aussi bien qu'en France, puisque nous en voyons des reproductions dans les images que l'on vendait dans les campagnes et que les colporteurs imprimaient sur place : mais ce ne fut que vers le XIVe siècle, que l'on conçut l'idée de mettre le dessin en entier sur une planche, puis de raccorder cette planche pour reproduire le dessin symétriquement. L'art de graver les planches existait, mais non encore à l'état d'industrie ; c'était plutôt une spécialité accessoire, servant pour imprimer des images, des écussons, des bannières, des parcelles d'étoffes ou des revêtements de murs, etc. Les graveurs sur bois existaient, puisque nous trouvons à Ulm, en 1397-1398, des « formschneider » (voir Schreiber, *Manuel de l'amateur de la gravure sur bois, etc., au XVe siècle*, Berlin, 1891, 1893). Il est question, entre autres, de Hans der formschneider (1). On a retrouvé récemment en France, un bois dit de Protat, sans nom de graveur, mais que M. Henri Bouchot estime être de 1370 et dont nous donnons ici, avec l'autorisation spéciale de M. Bouchot (décédé depuis) une reproduction (Voir : *Un ancêtre de la gravure*, par Henri Bouchot, 1902, p. 56 et suiv.), fig. 14, 15.

Cette planche, trouvée en France, paraît être, d'après les présomptions les plus valables, une des plus anciennes gravures sur bois d'Europe déterminées jusqu'à ce jour. Elle est gravée à l'endroit et à l'envers, ce qui ne paraît pas avoir été signalé pour d'autres planches du même genre, et ce qui indique aussi, qu'en l'employant, soit pour l'impression sur papier, soit pour celle sur tissu, on ne pouvait se servir ni de la presse, ni du maillet.

dénommés dans cette rubrique seraient plutôt à dénommer sous le nom d'Europe centrale.

(1) Formschneider : tailleur de formes. C'est le nom roman qui a été emprunté par les Allemands : *form*, c'est *forma*, latin, *forme* en français.

A l'endroit, se trouve une banderolle en écriture onciale du
XIVᵉ siècle, parfaitement caractéristique de l'époque ; on y lit la
phrase consacrée : « *Vere filius Dei erat iste* ».

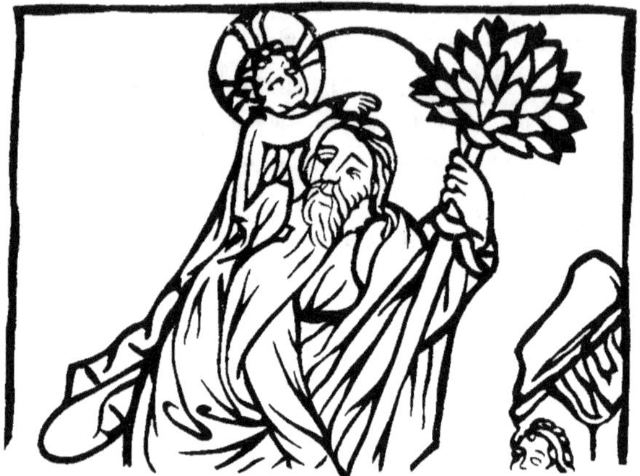

Fragment d'une petite image de saint Christophe du commencement du XVᵉ siècle,
conservée au Cabinet des Estampes de la Bibliothèque Royale.

Fig. 46. — Fragment d'une petite image de saint Christophe, du commencement du XVᵉ siècle, conservée au Cabinet des estampes de la Bibliothèque
nationale, gravée sur bois (Extrait de l'album exécuté à l'occasion du jubilé
européen de l'invention de l'imprimerie, Paris, 1840).

On admettait, jusqu'à présent, que les plus anciens bois connus
provenaient d'Allemagne, et l'un d'eux était le Saint-Christophe
auquel on donne la date de 1423 (Extrait de l'album exécuté à l'occasion du jubilé européen de l'imprimerie (Paris, 1840), et conservé
au Cabinet des estampes de la Bibliothèque nationale de Paris.

Il est également question de deux autres Saint-Christophe ; l'un
qui se rapproche beaucoup du bois Protat et dont la date est incon-
nue et un autre, que nous reproduisons aussi et qui fait partie de la

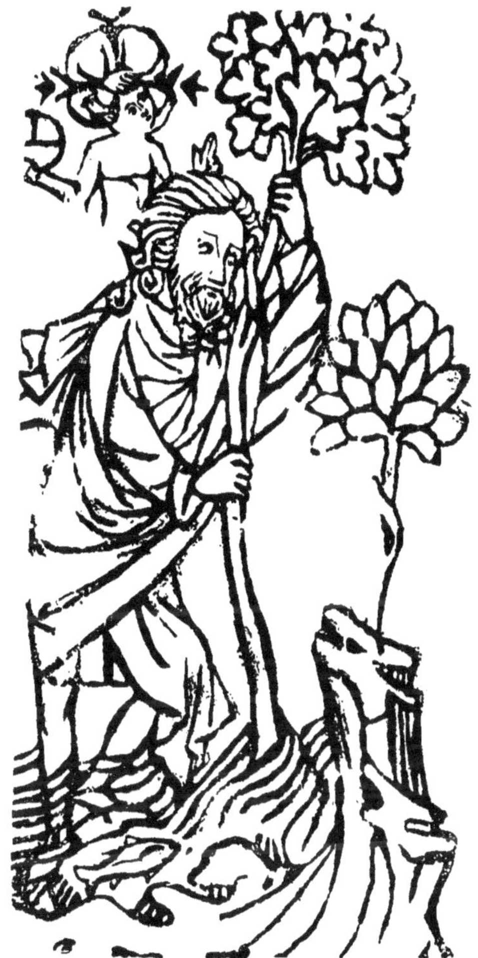

Fig. 17. — Le Saint-Christophe de la collection Weigel, aujourd'hui à Mlle Przibram, à Vienne. Ce bois est taillé dans la manière du bois Protat (voir Bouchot, p. 42).

collection de Lord Spencer. Dans ce dernier, l'inscription montre
évidemment sa postériorité : l'écriture n'est plus onciale, mais déjà
petite gothique (fig. 18).

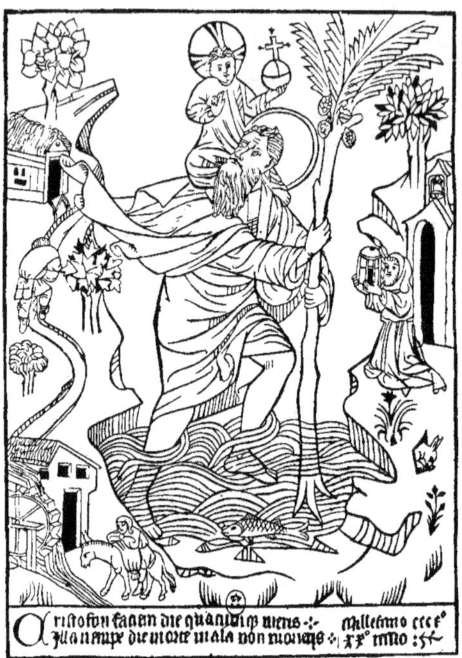

Fig. 18. — Le Saint-Christophe de la collection de Lord Spencer (Le saint s'appuie sur un palmier). Voir Bouchot, page 12. Dans le bas à droite la date de
1423.

A l'époque où le bois Protat fut trouvé il n'était pas encore question de ceux d'Egypte (voir page 6) et leur découverte montre
que la gravure sur bois y était déjà connue et pratiquée. A défaut
de spécimen de ces gravures on a découvert des étoffes qui prou-

vent, sans conteste, que la gravure était employée couramment.

Il est très curieux de constater, dit Forrer (*Die Kunst des Zeug-drucks*, page 30) que les imprimeurs d'images étaient en même temps des imprimeurs d'étoffes. Ainsi, nous trouvons Juan Schonsperger imprimant en 1517 des images et des tissus. L'impression sur étoffes n'était pas pratiquée comme métier spécial, mais comme occupation accessoire, chez les teinturiers, les faiseurs d'enseignes (schilderer), les coupeurs de planches et de moules (autrement dit graveurs, formschneider) et enfin les imprimeurs de livres.

Un ouvrage très intéressant a été trouvé récemment dans la Bibliothèque municipale de Nuremberg. Cette trouvaille est due à M. Jean Bolsch, directeur du Musée national germanique de cette ville. Le travail, attribué au milieu du xve siècle, peut-être du xvie, doit être cependant plus ancien car il se rapporte à des notices (aûfzeichnungen) d'une date antérieure. Il provient du cloître Sainte-Catherine de Nuremberg (d'après André Wurfels, *Beschreibung des St Katharina Closters in Nuremberg*, 1757). Il avait été donné par la supérieure Marguerite Holzschuerin, morte en 1568 et qui avait été 17 ans supérieure, à la sœur Marguerite Bindterin. Celle-ci fut la dernière nonne du couvent, auquel elle avait appartenu pendant 48 ans. La dernière abbesse supérieure fut Cordula Knorr, décédée en 1596. Marguerite Bindterin passa ensuite aux Clarisses de Bamberg où elle mourut quelques années après.

Le livre en question se divise en trois parties : l'une traite de l'impression (audfdrucken) d'or et d'argent (à cette époque on imprimait beaucoup, sur fonds de couleur, des feuilles d'or ou d'argent et aussi des tontisses de laine). La deuxième partie traite de l'impression de la laine et de toutes autres couleurs, et la troisième de l'impression des images *sur papier*. Il y est indiqué comment on fait les calques au moyen de papier mince imprégné d'huile de lin par un linge de laine. On dispose le dessin, avec plume et encre, sur ce papier, on le colle sur une planche bien rabotée et on coupe celles-ci aux dimensions voulues. Les modes de gravure ne sont pas indiqués, car il paraît admis que l'on savait comment on devait graver, ce qui n'est pas étonnant, attendu que pendant le XVe siècle, il était couramment d'usage de faire des planches avec des reproductions de saints ou d'images de piété. Ce que l'on employait comme bois, dans les cloîtres, n'est pas davantage indiqué ; mais il paraîtrait, d'après notre auteur, que la gravure était chose courante chez les nonnes. Cennini, que nous allons voir, parle de noyer et de poirier ; mais notre auteur passe ceci sous silence. Dans les couvents on était assez renseigné pour avoir négligé d'indiquer la qualité du bois à employer et, selon toutes probabilités, l'impression à la main sur étoffes se pratiquait couramment dans ce couvent de Sainte-Catherine, à Nuremberg.

Disons, en passant, qu'on a trouvé aussi un *Lectionarium* de 1452 (Voir *Geschichte der erfidung der Büchdrücker kunst*, par Forrer, dans *Anzeiger für Kunde der deutsche vorzeit*, 1882, page 75, très intéressant à signaler ici, les inscriptions de ce livre étant faites avec des modèles divers, mobiles et représentant *les lettres*, par conséquent déjà usités au moment où Guttenberg découvrait l'imprimerie.

La façon d'imprimer de l'époque varie et se rapproche de notre méthode actuelle. L'étoffe, bien aplanie sur une table, subissait l'action de la planche ; celle-ci posée sur l'étoffe, on frappait dessus avec un billot (Knebel). Le vrai maillet d'imprimeur n'est pas spécifié et a dû avoir diverses formes ; mais nous le trouvons dans celle usitée encore aujourd'hui, dessiné dans les armes de la corporation des teinturiers de Dresde, en 1750 (fig. 20).

Les Allemands imprimaient beaucoup d'or et d'argent, ce qui était inconnu des Italiens, lesquels imprimaient des contours et remplissaient ensuite avec des couleurs appliquées au pinceau.

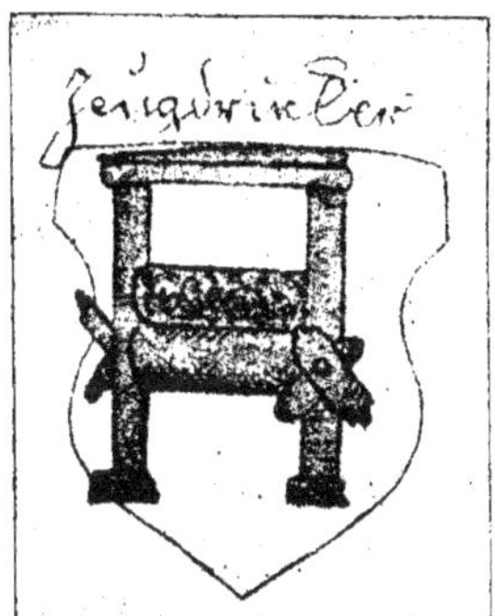

Fig. 19. — Blason des imprimeurs de tissus (1680). Le premier et le seul blason indépendant des imprimeurs de tissus.

Nous remarquerons que les premiers employaient les mêmes couleurs que celles décrites par Cennini, sauf que, déjà à la recherche du bon marché, ils remplaçaient le cinabre, qui était très cher, par du minium. Le vert se faisait avec du vert-de-gris et du jaune de plomb (pleygel, aujourd'hui bleigelb, l'oxyde de plomb et non le chromate, qui était encore inconnu). Le bleu était de l'indigo, soit seul, soit mélangé à du blanc de plomb (pleyweis). Le fixateur était toujours de l'huile de lin, quelquefois additionnée de térébenthine. Les couleurs à l'eau ne figuraient pas encore ; nous les trouverons seulement en 1690 : leur emploi a été imaginé par des Suisses.

L'impression à la main n'était pas, à proprement parler, une industrie en Allemagne : les couvents faisaient des impressions pour les lutrins, des imitations de brocarts, des teintures d'ornements, des rideaux, des couvertures de chevaux, des étendards, des vêtements de dessous pour garçons et filles.

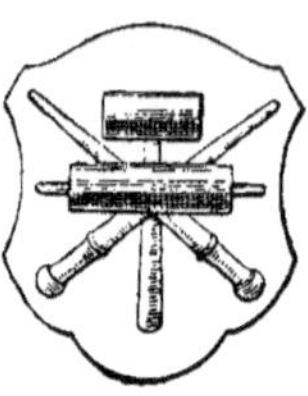

Fig. 20. — Blason des teinturiers de Dresde (1750), d'après Grenzer.

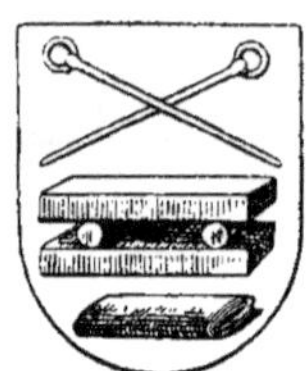

Fig. 21. — Blason des teinturiers (1760), d'après Grenzer.

La véritable industrie commença vers le milieu du xv⁰ siècle puis déclina un moment, de sorte qu'au xvi⁰ siècle, l'impression est relativement moins répandue qu'au moyen âge. On peut l'expliquer par ceci, que le bien-être était plus général et que, le luxe croissant, on portait plus d'étoffes de soie et de velours, ce que l'on remarque par les édits somptuaires de l'époque. L'impression renaît au xvii⁰ siècle, un peu dans tous les pays et c'est, pour ainsi dire, une conséquence de la guerre de Trente ans qui avait amené de la misère, une pauvreté générale qui invita à se servir d'étoffes moins coûteuses. A cette époque, on n'imprima qu'avec du noir *d'impression* à l'huile, puis on ajouta, petit à petit, les autres couleurs, à l'huile aussi. Ce procédé, qui donnait des produits à odeur désagréable, sujets à se tacher et à provoquer des taches, ne dura que juste le temps d'en trouver un meilleur. D'après Donnendorf (*Histoire des découvertes*, Leipzig, 1817, t. II, page **232**), en 1523, on imitait déjà à Augsbourg, sur futaine, les produits de l'Inde, mais ce n'étaient que des peintures à l'huile. Ce fut alors que vinrent, vers la fin du siècle, les toiles hollandaises peintes en couleurs résistantes; elles furent faites d'abord à Amsterdam puis plus tard à Brème, puis à Hambourg. On y faisait surtout les pattenas, genre à deux couleurs, rouge et noir, et les surates, genre à une seule couleur, violet ou rouge. De ce moment (1690) date la fabrique de Neuhofer à Augsbourg, laquelle existe encore. Elle commença par imprimer des réserves que l'on teignait ensuite. Nous trouvons, en 1692, un imprimeur, Pierre Kipp, à Neu-Hanau ; en 1700, vient Apfel qui céda sa fabrique à Jean Michel Schoeppler, en 1782, laquelle devint Schoeppler et Hartmann, aujourd'hui Neue Augsburger Kattunfabrik. En 1711, Reinviller établit à Scheggenbluch, près Augsbourg, une impression qui passa en diverses mains pour rester à Dingler, le promoteur et le fondateur du *Dinglers polytechnisches Journal* (1815) encore existant. Une autre fabrique fut établie à Brème par un sieur Sabattery, réfugié français. La première impression à Hambourg date de 1737, puis, vers 1790, on compte à Hambourg-Wandsbeck, plus de trente usines avec mille tables à imprimer.

Ce fut un sieur G. Oehme qui fonda en Saxe la première impression, à Zschopaü (1730).

En Prusse, nous trouvons que, dès 1686, on compte à Berlin trois impressions à la main, créées par des réfugiés français : Etienne Dutitre, de Sedan, Jean Lafosse, de Metz et Jean Durand, de Montpellier (Voir *Mémoires pour servir à l'histoire des réfugiés français dans les Etats du Roi*, par Ermann et Réclam, Berlin, 1787).

En Prusse en 1741, un Genevois nommé Duplantier, crée une fabrique, avec l'aide du roi qui lui donne, pendant dix ans, 1.000 thalers annuellement, plus des facilités de transport et de location, etc.

à condition de ne vendre qu'à l'intérieur de Berlin. Puis vinrent en 1745, David Simon et quelques autres, dont Oppen qui exista jusqu'en 1862. Une autre fabrique fut installée en 1753 à Nieder Schön-Weide près Berlin, par un Silésien nommé Bunzel, qui installa d'abord un blanchiment sur pré, bientôt converti en teinture de soie ; celle-ci périclita. Parmi ses principaux créanciers se trouvait la Seehandlung-Gesellschaft qui prit la haute direction et en fit une fabrique d'indiennes ; elle engagea comme chimiste Runge qui devait s'illustrer par plusieurs découvertes ; l'usine passa en diverses mains Zœllner, Toussaint et Cⁱᵉ, Nath Wolff et Cⁱᵉ, pour finalement devenir la Berliner Bleiche, Faerberei und Druckerei d'Obersprée, qui liquida en 1907.

L'impression à la main au commencement du siècle prospéra dès lors à un tel point que, d'après Kurrer, Berlin comptait en 1818, 40 impressions avec 600 tables qui disparurent ensuite peu à peu.

En 1812 avait été créée la fabrique de Dannenberg ; celui-ci était un simple ouvrier sans ressources qui prospéra rapidement. Cette maison devint ensuite Liebermann und Sœhne, dont l'un des descendants, de concert avec Graebe, découvrit l'alizarine, en 1868-1869. Cette usine a fait place aujourd'hui à une caserne.

La première impression de Breslau-Ohlau fut créée par l'israélite Heymann, enrichi comme fournisseur de l'armée pendant la guerre de Sept ans. Cette impression fut sous la protection directe de Frédéric le-Grand. Il s'en établit d'autres successivement à Feilau, Hirschberg, Eilenburg, Bodmer (1806). Grossenhain fut construit en 1763 ; mais de toutes ces créations, la plus importante fut celle de Jean-Henri Schulé, à Augsbourg, en 1759, qui fabriquait des étoffes dites « Augsburger Zitze » aujourd'hui encore, en Hongrie, les cotons imprimés s'appellent Zitz). C'est de l'usine d'Augsbourg qu'est sorti Jean-Michel Haussmann qui épousa la fille de Schulé et qui établit ensuite une impression au Logelbach près Colmar. Alsace. (*Geschichte der Zeugdruckerei* von Dr H. von Kurrer).

L'introduction des indiennes dites perses provoqua un accroissement considérable des impressions à la main dans toute l'Allemagne.

C'est à Sassin, dans le comitat Neutra (Hongrie) que fut créée, en 1736, la première impression d'Autriche Hongrie. En 1746, un nommé Hergott imprime à Prague (Bohème) et s'associe plus tard à un sieur Berger « qui connaissait un peu la garance ». L'impression à l'huile cessa et l'on se servit de couleurs solides. Le comte Kinsky créa, en 1763, une fabrique à Burgstein ; en 1764, le comte Bolza fonda Josephstal en Bohème, qu'il céda ensuite en 1794 à Joseph Leitenberger. Celui-ci avait déjà fondé, en 1788, une usine à Reichstadt, avec son fils Ignace : le père imprimait, le fils gravait les planches Ils se séparèrent : Ignace conserva Reichstadt, le père acheta pour lui et son autre fils François (Franz) la fabrique du comte Bolza : celle-ci devint alors Joseph Leitenberger et fils Franz. Elle passa en 1796 à Franz Leitenberger et à son gendre A. Stark. Ce dernier créa, en 1802, une nouvelle maison à Niemes, maison qu'il dirigea jusqu'en 1806, Franz dirigeait entre temps et augmentait considérablement l'impression de Josephstal ; il acquit encore le couvent des Piaristes à Cosmanos et dénomma par la suite « Cosmanos » sa fabrique qui est encore à présent connue sous ce nom.

En 1768, le conseiller intime Grechtler et le baron Fries établissent une manufacture à Friedau (Basse-Autriche), manufacture installée et mise en marche par Schüle d'Augsbourg. En 1774, nous trouvons un sieur Joseph Festl, imprimeur (Leinewanddrucker) à Stockerau. En 1780, un sieur Khittel à Obrowitz près Brunn (Moravie). En 1782, Rieger et Wiegel s'établissent à Gratz (Styrie). Nombre de fabriques se créent à cette époque : à Schwechat, près Vienne ; à Kettenhofen, Eberreichendorf et Saint-Pœlten. Un ancien voyageur alsacien de la maison Hartmann du Logelbach, installe une usine à Cracovie ; puis, en 1787, Jean-Christian Breuer en crée une à Kuttenberg (Bohême). Il commença avec **2** tables et en avait 10 en 1796. De cette époque datent en Autriche (Hongrie, Bohême, etc.), de nombreux établissements, dont Kappelmann Porgès, en 1790, à Prague ; Sigmund Gloss, à Znaïm (1791) ; Nepomuck Stanick à Vocklabrucq (1794) ; Hermann à Johanisthal, près Reichenberg. Moïse Jérusalem acquiert en 1800 la fabrique de Joss établie au faubourg Rosenthal à Prague. Cette maison devint Jérusalem et Przibram ; les deux associés se séparèrent en 1836. Jérusalem garda la fabrique de Prague et Przibram, une usine achetée en 1814 à Durazins de Schmickow ; puis en 1805, Epstein ; 1810, Franz Schlucka à Boehmisch Eicha ; 1813, Viener à Prague. Ces fabriques prospérèrent jusque vers 1815. De cette époque date la décadence de l'impression à la main en Autriche où, petit à petit, l'impression au rouleau s'introduisit et détrôna complétement celle-ci.

Une fabrication intéressante, peu artistique il est vrai, mais curieuse au point de vue technique, est celle pratiquée par les Ruthènes, article usité pour le peuple de ces contrées (Galicie, Podolie et Wolhynie). Il porte le nom de Dgmy (dgmki) provenant du mot « Dgm » fumée. Cet article, très primitif, a dû être employé de longue date. Il a été fabriqué jusque vers la moitié du XIXe siècle où, petit à petit, la véritable impression à la main, avec couleurs résistantes, lui fut substituée.

Voici comment on opérait : on employait des planches gravées comme pour l'impression ordinaire à la main, on soumettait ces planches à l'action de la fumée ; elles se noircissaient et on les appliquait alors sur les toiles humides ; le noir de fumée donnait une couleur assez résistante ; on employait aussi des couleurs faites avec des matières grasses et de la suie.

Nous devons ici mentionner incidemment un fait peu connu ; c'est l'emploi, en Autriche, d'une machine à imprimer, une sorte de rouleau, bien avant que Bell, l'Écossais, ne vînt avec la sienne. Ce document est, à notre avis, le plus ancien concernant le rouleau. Un auteur, Andréas Glorez, de Moravie, décrit, dans un ouvrage intitulé : *Vollstændigen Haus und Landbibliothek*, chez Quirinus Heyl à Regensburg (1699), un nouveau procédé au moyen duquel on peut, d'une façon toute particulière, imprimer du coton ou d'autres étoffes, très vite et très bien. C'est la première fois qu'il est question de l'application d'une planche circulaire ou rouleau.

« La machine en question a trois rouleaux montés dans un bâti
« de calandre ; le rouleau supérieur est en bois de poirier et est
« gravé comme les planches ordinaires, c'est-à-dire en relief. On fait
« dessiner sur ce rouleau, qui a été bien tourné, le dessin voulu ;
« puis un graveur le grave comme on le fait pour les planches en
« général. On peut mettre des fleurs, des feuilles, bref, ce que l'on
« veut. Le deuxième rouleau, également bien rond et de même
« calibre, est recouvert de feutre, si habilement cousu que l'on
« n'en remarque pas la couture. Le troisième rouleau peut être
« fait en n'importe quel bois ; c'est sur lui qu'est enroulée l'étoffe
« à imprimer, laquelle passe alors entre les deux premiers rou-

« teaux. Celui qui est gravé est muni d'une manivelle que fait
« tourner un ouvrier placé à côté de la machine. Devant celle-ci
« est un autre ouvrier qui, avec des tampons imbibés de couleur,
« garnit le rouleau, lequel, en tournant, imprime l'étoffe ».

L'auteur ajoute une formule spéciale de noir et dit encore que
cette machine peut servir pour presser du velours, des laines,
pour faire des « imitations de velours épinglé, de damas de laine »
(Wohldamast), etc.

Glorez qualifie cette machine de nouvellement inventée, ce qui
indiquerait qu'elle a été créée un peu avant 1699.

Espagne. — Relativement à l'Espagne, les documents font complètement défaut. Il est certain qu'il y eut des impressions dans ce
pays, et de très bonne heure, car dès 1234, Jacques Ier d'Espagne
lança un édit défendant le port des « Estampados » voir Fischbach.
Geschichte der Textil kunst., page 73) mais il ne nous est parvenu
aucun spécimen relatif à ce que pouvaient être ces impressions. On
suppose que de l'Egypte, cet art passa par les Arabes, aux Maures,
et que ceux-ci l'introduisirent en Espagne. D'aucuns prétendent
même que c'est de l'Espagne que l'impression vint en Allemagne ;
mais ces suppositions ne sont basées sur aucun fait positif et restent dans le domaine des hypothèses. Toujours est-il qu'au XVIIe siècle il y avait en Espagne passablement d'impressions à la main et
qu'elles firent, peu à peu, place à l'impression au rouleau.

Italie. — L'impression à la main a certainement joué un grand
rôle en Italie dès le moyen âge. Malheureusement il nous est
resté peu de documents de cette époque concernant le sujet, si ce
n'est un écrit de haute valeur qui est l'ouvrage intitulé : *Libro dell'*
arte o trattato della pittura, par Cennino Cennini. Né à Colle Val
d'Elsa vers 1372, élève du peintre Angiolo Gaddi, à Florence, de

1384 à 1396, il séjourna à Padoue en 1398 où il se maria et où il mourut au commencement du xve siècle. Il existe encore des reproductions de son ouvrage : l'une de Tambroni en 1821, l'autre de Gaëtano et Carlo Milanési, de 1859. Une traduction allemande du Dr Albert Hy's a été publiée dans le premier volume de *Quellen Schriften fur Kunstgeschichte und Kunsttecknick des Mittelalters und Renaissance* (Vienne, 1871). Dans son ouvrage, Cennini décrit les divers moyens employés pour préparer les couleurs et enseigne comment on imite les broderies sur tissus, comment on peint des devises sur les bannières, etc. Dans le CLXXIII^e chapitre, intitulé : *Il modo de lavorare colla forma di pinti in panno*, soit le mode de peindre (imprimer) sur le drap (panno) au moyen d'une *forme* ; ce que spécifie très clairement la planche (voir la note page 18). Il dit aussi quelles dimensions doivent avoir les dites planches et recommande surtout qu'elles raccordent bien. Les couleurs qu'il indique sont déjà très variées. Il fait le noir en brûlant des sarments de vigne et, pulvérisant bien le noir obtenu, il le délaie avec de l'eau, puis le laisse sécher. Il le mélange ensuite à du vernis liquide. On peut aussi, dit-il, mais c'est beaucoup trop cher, faire brûler de l'huile de lin et mélanger le noir obtenu avec le vernis liquide. Les diverses couleurs indiquées sont : le jaune, qu'on obtient avec du safran mêlé à de la soude ; le rouge, qui se fait en râclant avec un morceau de verre du bois rouge et en y ajoutant de la soude. On fait cuire le mélange avec un peu d'alun de roche jusqu'à ce qu'on obtienne un beau rouge corail, on laisse refroidir pour que cela ne s'abîme pas. Pour le vert, on prend du vert-de-gris trituré avec du vinaigre et du safran et on y ajoute un peu de colle forte. Le rouge se fait aussi au cinabre ou au minium, mélangé à de l'eau d'abord, puis desséché et incorporé à du vernis. Le blanc se prépare avec du blanc de plomb ; le bleu, avec de l'indigo en poudre, etc. Ce mode d'impression est très original et tout à fait l'opposé de ce que nous pratiquons actuellement. On prenait deux tables ordinaires sur lesquelles on plaçait un cadre auquel était adaptée l'étoffe à imprimer et qui remplissait exactement l'espace entre les deux tables. Les planches et le cadre étaient faits de telle sorte que ce dernier contenait un nombre exact de planches et le rapport de celles-ci était calculé sur la largeur de l'étoffe. Pour imprimer on prenait une cuillerée de couleur, on l'étendait sur la surface d'un gant que l'on avait à la main gauche, puis on imprégnait la forme que l'on tenait dans la main droite, en la frottant avec ce gant. La planche, garnie de couleur, était alors déposée sur l'étoffe, puis on pressait, dessous le cadre sur le tissu, avec une sorte de contre-planchette unie pour favoriser l'absorption de la couleur. Le croquis ci-joint donne une idée de l'opération :

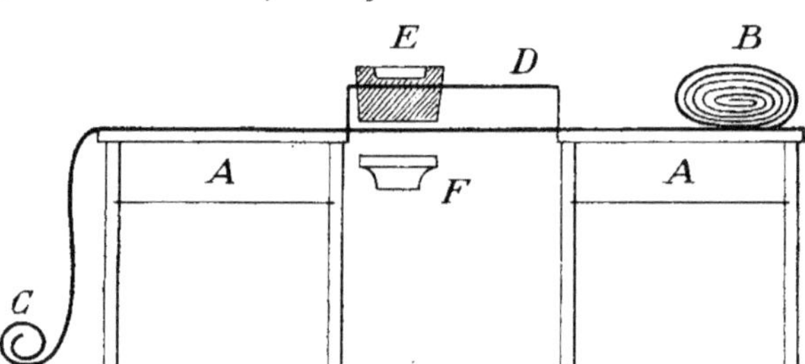

Fig. 22. — Mode d'impression suivant Cennini.

A. Tables.
B. Etoffe à imprimer.
C. Etoffe imprimée.
D. Cadre placé entre les deux tables A.
E. Planche gravée que l'on pose sur l'étoffe B qui est sous le cadre.
F. Contre-planche.

L'ouvrage de Cennini a probablement été commencé vers 1384, alors qu'il était à Florence. C'est là que l'auteur aura recueilli ses

IMPRESSION A LA MAIN DU XIV° SIÈCLE

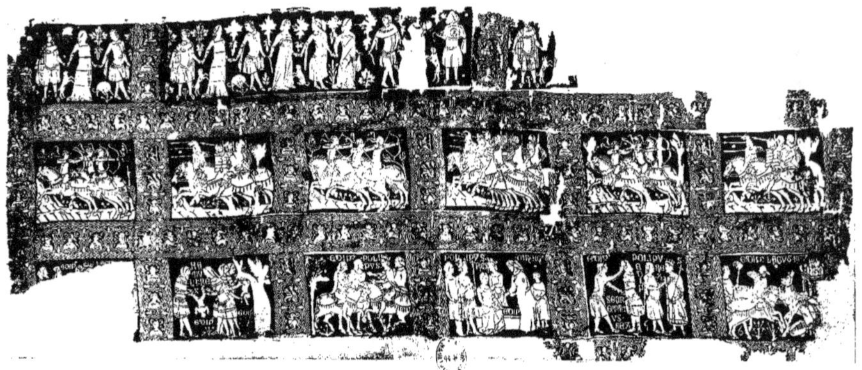

Fig. 27. — Reproduction de la Tapisserie dite de Sion.

Les sujets représentés ci-dessus sont faits en deux couleurs, noir et rouge.

Au haut : Une série de Danses. — Au milieu : Un combat entre Chevaliers et Maures. — Au bas : Scènes de la vie du Roi Œdipe.

Longueur : 2m56.
Largeur : 0m94.

premières recettes, connues du reste depuis de nombreuses années et dont les élèves héritaient de leurs maîtres. Ainsi, Gaddi, le maître de Cennini, était élève de Giotto de Bordone, né en 1276, mort à Florence en 1337 et, de fait, toutes les indications de Cennini trahissent, indiquent l'origine des maîtres, et probablement que, dans ces données, nous retrouvons l'ensemble des connaissances sur l'impression à cette époque.

Mariegola a publié, en vénitien, en 1429, un volume intitulé *Dell arte dei Tentori*. Il y a eu une deuxième édition en 1710.

En outre de cet ouvrage, il existe un document de Venise, de 1441, dans lequel il est question non seulement d'imprimeurs sur tissus, mais d'années maigres, en opposition à une époque où florissait l'industrie de l'impression (Bernard, *Origine de l'imprimerie*, Paris, 1853).

Rosetti, en 1540, a aussi écrit un ouvrage : *Plictho dell' arte dei tintori, etc*, réédité en 1548, traduit en français à Paris, en 1716, sous le titre de *Suite du teinturier parfait ou l'art de teindre les laines, soies, peaux, etc.*, comme il se pratique à Venise, Gênes, Florence et le Levant.

Le plus ancien monument connu, relatif à l'impression en Italie est la fameuse tapisserie de Sion (en 1890, elle était chez M⁰ d'Odet, avocat à Saint-Maurice d'Agaune. Elle figura à l'Exposition historique de Genève et est aujourd'hui la propriété du Musée historique de Bâle. Il en existe un fragment au Musée national suisse de Zurich. Cette pièce, dont nous donnons ici une reproduction, mesure 2 m. 56 de long et 0 m 94 de large (fig. 23).

C'est une étoffe de lin, écrue. Tout est imprimé avec des planches, au nombre de treize ; les figures sont en noir, les rentrures en rouge, et les couleurs sont à la suie et au vernis *vernice liquida* de

Cennini). Le sujet représente, en haut, une série de danses ; au milieu, un combat entre chevaliers et Maures, et dans le bas, des scènes de l'histoire du roi Œdipe. Le dessin indique un artiste et trahit, par les formes rondes et adoucies, l'école italienne. Les costumes, surtout ceux du premier rang, les lettres gothiques majuscules, etc., indiquent clairement que le travail date de la deuxième moitié du XIVᵉ siècle. Cette pièce montre aussi, avec évidence, que l'impression était, à cette époque, pratiquée avec succès. Plus tard, on en fit avec de simples contours en noir et des rentrures peintes à la main. C'est ainsi que se forma l'impression du genre dit toile de Gênes, cette ville étant le centre du commerce et de l'industrie en Italie aux XVIIᵉ et XVIIIᵉ siècles. C'est à Gênes que furent établies les

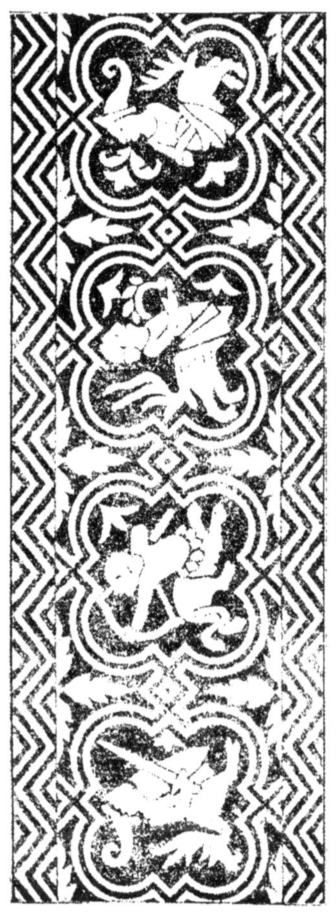

Fig. 24. — Bordure de la Tapisserie de Sion imprimée en noir et rouge.

premières impressions (1805) de Mathias Speich. Michel Speich
et fils, fratelli Muratori, Fortunato Marchese, etc. D'autres créations furent dues à des Alsaciens et à des Suisses, mais, peu acces-
sibles au progrès, ces fabriques périclitèrent, disparurent et
l'impression à la main cessa en Italie. C'est depuis 1860 environ
que celle au rouleau s'y est implantée et l'on y compte aujourd'hui
une vingtaine de fabriques, dont quelques-unes de premier ordre,
comme la Stamperia de tessuti, anciennement de Angeli et Cie.

Hollande. — L'impression en Hollande date du commencement
du xve siècle et paraît avoir donné lieu à l'industrie des velours
frappés. Les planches servant à cet usage ne sont pas autre chose
que des planches d'impression qui, après avoir servi pour les étoffes
proprement dites, furent employées pour faire du velours en relief ;
mais l'impression existait déjà de fait. On cite un sieur Jan de
printere (Jean l'imprimeur, (voir de Burbure, *Bulletin de l'Académie de Belgique*, VIII, p. 294) qui vivait en 1417 et dont les
comptes se rapportent à un sieur Ghysbrecht, teinturier, Haubrak,
dessinateur et graveur, et Jacob de Beckere, probablement le fournisseur de tissu, ce qui semble indiquer une association dont Jan
de printere était le fabricant de toiles peintes. Le développement de
l'impression sur tissus se fit lentement et nous voyons qu'en 1460,
Regensburg ne comptait pas plus de quatre imprimeurs *Die kunst
des Zeugdrucks*, p. 28). Ces artisans ne faisaient-ils que des images
ou de l'impression sur toile ? Il est plus que probable qu'ils imprimaient sur étoffe car ils s'intitulaient « imprimeurs et surimpri-
meurs » (aufdrucker). En 1475, alors que l'impression sur papier
commence à naître, la spécification d'imprimeur sur drap s'impose
(tuchdrucker). On cite Jacob de Beckere, imprimeur de drap ; puis

en 1486, Jan de printere (Jean l'imprimeur) et, en 1653, Jörick Hoffmann, imprimeur de tissu gratté (barchetdrucker).

Au xvi⁰ siècle, l'impression des réserves fut importée d'Orient par le peintre Pierre Klock, qui avait rapporté le procédé de Turquie et d'Orient. Il fut lui-même imprimeur et pratiqua jusqu'en 1550, époque de sa mort.

Cette industrie a certainement pris naissance en Hollande, car elle y fut pratiquée bien avant que les autres pays aient connu ces méthodes.

Neuhofer d'Augsbourg, en Allemagne, sachant qu'on usait depuis longtemps en Hollande, de certains procédés inconnus dans son pays, s'y rendit et parvint à en prendre connaissance. Ces genres firent grande concurrence aux genres allemands, parce qu'ils étaient plus solides.

L'impression ne s'établit que plus tard dans les autres pays. Dans la première moitié du xv⁰ siècle, on trouve déjà des imprimeurs sur étoffes à Louvain et dans les Flandres. Les spécifications à ce sujet nous manquent; mais cette contrée étant renommée pour ses tissus qui se vendaient un peu partout, il est permis d'admettre qu'il y en avait un certain nombre d'autant plus qu'il en figure dans les corporations des imprimeurs sur étoffes et en même temps dans celle des menuisiers (qui faisaient les formes et les planches), tandis qu'à Anvers, les imprimeurs figuraient, comme en Italie, dans la corporation des peintres.

Relativement aux corporations, c'était suivant les usages du pays que l'on assimilait tel métier à telle corporation ; on ne savait pas toujours exactement fixer la partie importante du métier. Ainsi, d'abord on hésita entre l'art du dessinateur et l'art de produire sur bois la forme, *la planche*. A Louvain, on mit les imprimeurs dans la corporation des menuisiers ; à Anvers dans celle des peintres et, dans certains cas, lorsqu'il n'y avait pas assez de peintres pour former une corporation, on les mettait avec les orfèvres ; d'autres fois, c'était avec les tondeurs de drap et même avec les tailleurs d'habits. Ce n'est qu'au xviii⁰ siècle que les imprimeurs sont classés avec les teinturiers.

Angleterre. — L'impression sur tissus s'implanta en Angleterre en 1634. Ce fut Jérôme Lasnyer, qui le premier obtint un privilège du roi Charles I⁰ʳ. Mais la révolution qui éclata dans ce pays fut sans doute ce qui l'empêcha de réussir. D'après James Thomson, ce fut en 1676 (d'après Persoz, 1690), que fut créée en Angleterre la première fabrique ; elle fut montée par un Français, qui, réfugié en Hollande à la suite de la révocation de l'édit de Nantes y avait appris les procédés du pays et était venu ensuite se fixer à Richmond. Une autre usine, plus considérable, fut fondée plus tard à Broomleyhall (Essex) et une troisième à Battersee (voir Baines. *History of the cotton manufacturing of the Great Britain,* 1835).

Cependant, déjà avant cette époque, les toiles importées des Indes et de la Perse avaient provoqué, par leur résistance au lavage, leur solidité en général, des édits d'Elisabeth prohibant l'emploi de l'indigo et même ordonnant de brûler tout bois de campêche. En 1661, Charles II rapporta ces édits et, en 1664, l'Académie royale des sciences nomma une commission, composée de Howard Boyle et du Dʳ Merret, qui fut chargée de trouver les moyens de consolider les couleurs. Ce ne fut qu'en 1696, le 11 novembre, que le sieur Hocke, membre de l'Académie, présenta à ses collègues une pièce teinte en plusieurs couleurs par un procédé spécial et, le 9 décembre, une pièce imprimée en jaune, rouge, bleu, vert et pourpre résistant à l'eau et au savon (voir Kurrer, *Der Zeugdruck*, p 148). Neuhofer, qui avait étudié l'impression en Angleterre, connaissait déjà, en 1690, ce mode d'opérer et l'invention de Hocke parait avoir été plutôt une réminiscence ou une copie de procédés connus.

D'après Anderson, l'impression à la main était, en 1676, une industrie courante en Angleterre. En 1700, un acte du Parlement interdit absolument l'entrée de tous tissus imprimés venant des Indes, de la Perse ou de la Chine. L'industrie nationale en profita et on imita à foison les tissus exotiques, mais au détriment des tissages de soie et de laine. En 1712 et en 1714, on imposa les imprimeurs et, malgré cela, un nouvel édit de 1720 défendit la vente des imprimés anglais ou étrangers, sauf les tissus teints en bleu uni. La conséquence fut que l'on n'imprima plus que des foulards de lin Vers 1735, on autorisa les toiles mélangées de coton et de lin. Cet état de choses dura jusqu'en 1774, époque où le Parlement autorisa l'impression sur calicot contre une redevance de 3 pences par yard (0 fr. 40 par mètre). Cet impôt fut encore augmenté plus tard pour finir par être aboli en 1831. Les étoffes exportées recevaient la redevance en retour.

Parmi les grandes usines anglaises, signalons celle de Bromleyhall qui, en 1750, avait fait 50.000 pièces (sans désignation exacte de longueur, on estime approximativement la pièce à 19 m. 20). Jackson en créa une à Battersea en 1754. Les frères Clayton en établirent une autre à Bamberbridge, près Bolton, en 1764. Leur successeur fut Robert Peel, le grand-père du célèbre homme d'Etat anglais ; puis ils en élevèrent une seconde à Broockside, près Blackburn Le fils aîné de Peel, un de ses oncles, Harworth et un M. Jates de Bury montèrent encore une fabrique à Burg. Peel l'aîné, avec ses fils, créa alors Church, puis Burnley, Salley, Abbey,

Foxhillbank. Ces divers établissements furent les modèles de leurs similaires en Angleterre.

Glascow eut sa première fabrique en 1771. En 1773, un huguenot nommé Cabannel ou Cabannet avait voulu établir une fabrique en Angleterre, il ne réussit pas, revint en France et créa la fabrique de l'Arsenal qui avait les franchises douanières. Un fabricant de Rouen nommé Papillon en créa une autre ; en 1772, le Suisse Borel établit une usine de rouge turc à Manchester ; puis vinrent Linessy, Hargrave, Hall et Cⁱᵉ à Mosney. C'est alors que surgit l'invention du rouleau due à l'Ecossais Th. Bell (1770), qui s'implanta définitivement vers 1790 et porta un coup mortel à l'impression à la main.

Suisse. — La Suisse, comme la Hollande, employait, avant 1698, les couleurs à l'eau et les moules en bois. En 1690, Jacques de Luze ou Deluze, émigré de la Saintonge, s'établit à Neufchâtel après avoir été en Hollande. Il créa successivement les usines de la Poissine près Cortaillod, de Cressier, Couvet, Saint-Blaise, Marin, la Bocarderie et Dubied, près Neufchâtel, celle-ci établie en 1734 (voir *Les familles du refuge en pays Neufchâtelois*, Neufchâtel, 1900). La Suisse fournit des industriels à l'Alsace.

D'après M. A. Petitpierre (*Un demi-siècle de l'histoire économique de Neufchâtel 1791-1848*, Neufchâtel, F Sandoz, 1871), on attribue à la famille Labran du Grand-Chezard, Val de Ruz, la création des toiles peintes dans le canton de Neufchâtel, antérieurement à de Luze. D'après d'autres sources, Genève aurait commencé avant Neufchâtel. Le premier imprimeur de Genève serait Pierre Mercier, avant 1648. A vrai dire, les divers historiens de Neufchâtel ne sont pas d'accord sur ce sujet ni sur les dates

Un petit-fils de de Luze s'allia avec le fabricant Feer de Mulhouse.

Il entra dans la maison Robert Bovet et C⁹, à Thann, laquelle hérita de la succession de la fabrique du Bied, 1783. Senn et Biedermann s'associèrent à Nicolas Risler et C⁹ en 1788 pour former le grand établissement de Wesserling, actuellement Gros, Roman et C⁹.

Kurrer cite une petite fabrique établie à Bâle en 1730. L'usine J. J. Zurcher et C⁹, à Cernay 1770, fut créée avec l'appui de quelques maisons de Bâle et de Genève (d'après O. von Schorn).

Neuhofer, qui avait une impression en Allemagne, avait cherché à trouver les procédés employés par les Suisses (couleurs à l'eau). Il en est déjà question en 1690, mais il est plus que probable que ce mode d'impression datait de longtemps avant et qu'il y a une certaine corrélation entre l'introduction de la toile peinte en France et la révocation de l'édit de Nantes. Il ressort en tous cas que, en 1688, le protestant Jacques de Luze, réfugié français venant de la Saintonge, s'établit à Biel et y fonda une impression. Kurrer (*Geschichte des Zeugdruckerei*, p. 87 cite une impression établie à Bâle en 1730. Ryhiner avait une petite manufacture au petit Bâle, sur la route de Loerrach, au bord de la petite rivière appelée Teich, il a laissé un manuscrit déposé à la Soc. ind. de Mulhouse) très intéressant sur la fabrication de l'indienne en 1766 : nous y avons puisé un certain nombre de renseignements sur l'impression (voir Machines à laver, *Histoire documentaire de l'industrie de Mulhouse au XIX⁹ siècle*, p. 366). D'après le même auteur, il devait en exister aussi à Genève, à Neufchâtel et à Glarus ; mais il ne cite ni noms, ni époque : cependant il parle des Pourtalès de Neufchâtel qui occupaient un des premiers rangs. Le Suisse Abraham Frey fonda à Bondeville (Normandie, en 1758, la première impression normande. Oberkampf avait travaillé à Aarau en 1755. En 1780,

Senn, Biedermann et Cie avaient installé une fabrique d'indiennes à Genève, sous l'Empire il s'établit une grande quantité d'impressions en Suisse. D'après Forrer (*Die Kunst des Zengdrucks*, p. 59), il y en avait environ 50. Bovet à Boudry, Greuter à Islikon qui, en 1818, avait encore 80 tables et 21 cuves d'indigo, c'était un ancien maître d'école qui devint fort riche ; Wagner et Cie à Solothurm, Meier et Milldstein à Hérisau, Isler à Arbon, les frères Glarner à Glarus, Pancrase Dobler et Gérig à Saint-Gall. Puis vinrent les fabricants de rouge Andrinople et de lapis, genre dit oriental : Trumpy et Cie à Glarus, Gab. Trumpy-Sulzer à Winterthur, Ryhner à Bâle, Melchior Eslinger et fils à Zurich, Staub à Wollishofen, Hofmeister, Rohrdorf à Zurich, Studer à Wipkingen, P. Meyer à Zurich, Hérosé à Aarau. Le ministre des Finances Rothpletz eut aussi une impression Fr. Verdan et Cie à Biel, puis Verdan et Cie à Grandchamp, près Neufchâtel, et au Ciel, sur la route de Neufchâtel à Boudry ; enfin, la plus importante de toutes fut Vaucher Dupasquier et Cie à Cortaillod. En 1818, ils avaient encore 300 tables. Il y en eut aussi à Saint-Aubin, à Sainte-Marie, à Bocardrie (canton de Neufchâtel) ; mais elles cessèrent peu après. Quelques fabricants pratiquèrent spécialement l'impression sur soie, entre autres Studer à Zurich, les frères Huhnervadel à Lauzburg, Jos. Horlimann à Richterswill, J.-J. Reyhner à Obermalen (près du lac de Zurich). C'est chez celui-ci que l'on utilisa tout d'abord les pointes métalliques pour les picots fins dans les planches d'impression. C'est aussi chez lui que se trouvèrent les tables longues accouplées à des rails supportant les châssis, ceux-ci glissant sur ces rails.

Mulhouse. — La république de Mulhouse, enclavée dans la France, fut le berceau de l'impression en Alsace. D'après M. Hartmann Liebach, *Bulletin de la Soc. ind. de Mulhouse*, 1877, p. 223), le premier essai de fabrication fut tenté en 1740 par J.-J. Schmalzer avec un sieur Moser, aidé par des ouvriers d'Altona ; mais cette association dura peu et, en 1745, vinrent J.-J. Schmalzer, associé à Samuel Koechlin, et J.-H. Dollfus qui constituèrent, en 1746, la première raison sociale, sous le nom de Koechlin, Smalzer et Cie. Les premières impressions à la main furent faites à l'huile et à la colle ; on n'employa les mordants d'alumine de fer et leurs mélanges, dits palliacats (nos grenats, mordorés, puces, etc.) que vers 1750 (voir fig. 25 représentant un spécimen des premières impressions en bon teint faites à Mulhouse). Jean Henri Dollfus établit une impression à Dornach vers la même époque et J.-J. Schmalzer, une autre à Munster, en 1770 : elle passa, en 1789, entre les mains de Riege et Hartmann.

En 1788, il y avait environ 40 fabriques à Mulhouse. Rappelons les suivantes : Anthès et Feer et Cie, 1754 ; Hofer-Risler et Cie, 1756 ; J.-J. Feer et Huguenin, 1758 ; Nicolas Risler et Cie, 1760 ; Abraham Schmalzer, 1760 ; Eck, Schwartz et Cie, 1764 ; Franck et Cie, 1765 ; Heilmann, Blech et Cie, 1764 ; Thierry l'aîné et Cie, 1764 ; Schœn, Huguenin-Zuber et Cie, 1765 ; Hartmann et fils, 1767 ; Mantz, 1768 ; Kohler et Junghœn, 1776, sans compter nombre d'autres qui n'eurent qu'une durée éphémère (voir *Histoire documentaire de l'industrie de Mulhouse au XIXe siècle*, pp. 405 et suivantes).

De nombreuses usines s'élevèrent aussi dans les environs de Mulhouse, qui ne devint français qu'en 1798. Nous y trouvons : Sandherr et Courageol qui montèrent Wesserling en 1760 ; puis vint Risler et Cie 1773, qui devint Senn, Bidermann en 1788 et qui, passant par plusieurs noms, resta finalement Gros, Roman

UN FOULARD DE MULHOUSE EN 1755

Musée de Dessin Industriel de la Société Industrielle de Mulhouse

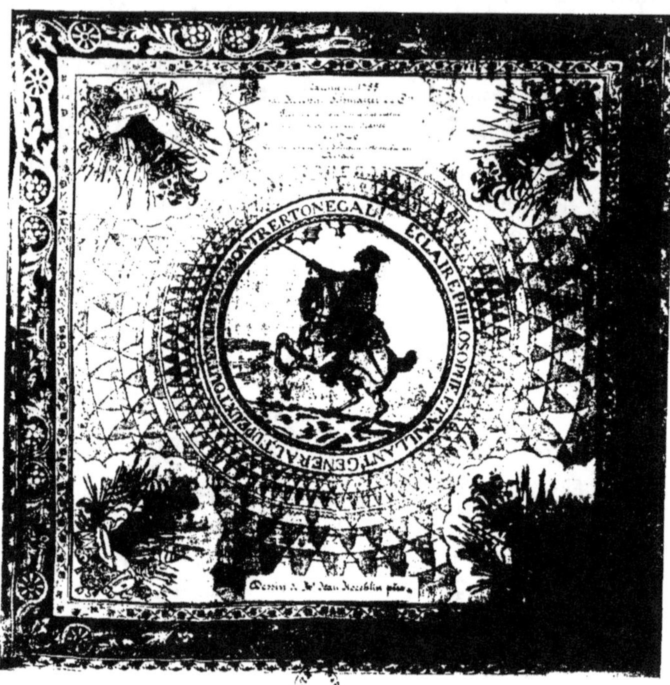

Fig. 25. — Reproduction d'un des premiers foulards à la main, imprimés
en couleurs à Mulhouse en 1755.

Le sujet représente le Maréchal Maurice de Saxe

En exergue, on lit :

« Éclairé philosophe et vaillant général
Tu peux tout, excepté de montrer ton égal »

et Cie (1909). En 1776, J.-Z. Zurcher et Cie s'établirent à Cernay ;
A. Thann, Pierre Dollfus et Cie, en 1788 ; Nicolas Dollfus et
Jean Zuber à Rixheim, établissent en 1796, à l'instar des impressions sur tissus, une impression sur papier (voir Statistique générale du département du Haut-Rhin, *in Soc. ind. de Mulhouse*, par Penot, 1831, et *Histoire documentaire de l'industrie de Mulhouse au XIXe siècle*, p. 559).

Dans la rubrique de France, nous verrons signalées les impressions d'Alsace, en dehors de Mulhouse.

Russie. — C'est à Ivanovo que fut fondée la première fabrique russe, en 1780, par Pierre Gareline. La seconde fut celle de Barison, installée en 1783. Karetnihow en monta une à Teikow en 1784 et Udin éleva la troisième usine d'Ivanow en 1785. Cette localité prit vite un développement considérable, et elle peut encore aujourd'hui être considérée comme le Manchester russe. A la suite, se montèrent Karimowa, 1790 ; Derdenowsky, 1795 ; Schotschin, 1798 ; Raesanow commença en 1799 et fut suivi de bien d'autres : Luschawskoï, Titow, Medwedjew, Melukow, Alexandrow, Kratschow, Brikowski, etc. L'incendie de Moscou en détruisit plusieurs ; quelques-unes se relevèrent et acquirent un certain développement.

Après 1815, vinrent Kaminowa, Alex Baburin, Iwan Baburin, et en 1816, Spiridonow. Un sieur Michel Weber monta Schlusselbourg en 1814 ; on en fit une installation modèle avec les perfectionnements les plus récents et on introduisit le rouleau. Weber installa encore un peu plus tard une autre fabrique à Zarewa. Un sieur Bietepage fonda une impression à Saint-Pétersbourg en 1815. A partir de cette époque, cette industrie ne fit que se développer, et deux des plus grandes usines de Russie, Hubner et Zundel, ont eu pour créateurs des Alsaciens ; mais, nous le répétons, l'impression à la main a pour ainsi dire disparu pour faire place à la seule impression au rouleau (voir *La Toile peinte à l'Exposition de Paris, 1900*, p. 126). D'après M. A. Bulard (communication personnelle), il y aurait en Russie actuellement plus de 90 fabriques, avec environ 600 machines à imprimer.

France. — L'industrie de l'impression des tissus en France, par suite de la richesse du pays, ne s'y est implantée que fort tard. Le Français, qui a de tout temps donné le ton pour la mode, employait surtout de belles étoffes de soie, de drap, de velours, etc., alors que d'autres pays, dès le moyen âge et après la guerre de Trente ans, ne se servaient, par raison d'économie, que de tissus imprimés. Ce n'est que par l'introduction des étoffes d'Orient, dites perses, etc., que la mode mit ces toiles peintes en vogue. Il est bien question, par ci, par là, de spécimens de tissu imprimé découverts dans des églises ou dans des châteaux ; mais ces rares échantillons n'impliquent pas une industrie, comme c'était le cas dans certains pays.

D'après Francisque Michel (voir *Recherches sur le commerce, la fabrication et l'usage des étoffes de soie, d'or, d'argent et d'autres tissus précieux en Occident, principalement en France, pendant le Moyen Age*, par Fr. Michel, Paris, Lahure, 1854), le bougran, dont il est assez souvent question, était un tissu monochrome, surtout quand il était destiné à servir de doublure. Il était « peint » (nous supposons que cela veut dire « imprimé » quand il devait figurer sur un meuble ou servir de vêtement de dessus : du moins nous trouvons, dans l'inventaire de Charles V « une coulte-pointe de bou-« gran, blanche, peinte bien mémement et a plusieurs bestes de « peinture de mesmes ». Dans l'inventaire de Gabrielle d'Estrées, fait en 1599, on remarque « un lit couleur de feuille morte imprimé

« à double pointe et trois soubassements ; un autre lit de serge
« jaulne imprimé ».

Que l'on ait tenté de faire de l'impression au xvie siècle, c'est possible ; mais c'est seulement au xviie que l'impression commença.
avec des tissus imprimés que les commerçants rapportaient de
l'Inde, en même temps que des étoffes écrues : d'où vint le nom
d'indiennes ; Loret le gazetier-poète (1658) leur fait place à la
foire Saint-Germain dans des baraques de bois. si bien fournies,
dit-il,

> En antiquailles. bagatelles.
> Confitures, draps et dentelles
> En *indiennes*. en écrans.

Dans un volume intitulé : *Le livre commode*, nous relevons une
annonce du sieur Petit, chef grossier du chevalier du Guet : *fait
commerce d'indiennes*. On donnait aussi aux tissus le nom de
cotonnies. Dans l'inventaire du cardinal de Mazarin (1653), il est
spécifié « une couverture de *cotonnie* imprimée de fleurs de diverses
couleurs, façon de Turquie, piquée à deux faces ». Dans le relevé
des meubles de la couronne de 1681 se trouvent « trois pièces coton-
« nis de soie parsemées de fleurs d'or et d'argent dont une nacarat
« et blanc. une autre colombin et blanc, la troisième gris et blanc ».
Le *Mercure* de septembre 1701 dit que le nombre de cotonnis importés de l'Inde se monte à 1.030 pièces de cotonnis unis, 3.118 de
cotonnis rayés, 208 de petits cotonnis brochés et 24 couvertures de
cottonis (voir Havrard, *Dictionnaire de l'ameublement et de la
décoration*, p. 952). Marie Cressé, la mère de Molière, laisse à son
décès « sept tours de lit dont trois de serge jaune imprimée ».

Molière en habille son bourgeois gentilhomme, on en fait des garnitures de meubles, des robes de chambre, etc.

On est généralement d'accord pour attribuer à la fabrication d'Orient tous ces tissus, d'où leur est venu le nom d'indiennes. Les Allemands en ont fait « indienen », comme les cotonnis ont donné les cotonnades, changé par les Allemands en « kattun ».

Dans les premières toiles importées, c'était seulement le contour qui était imprimé ; les rentrures en étaient peintes, de là le nom de toiles peintes. Cette dénomination est restée en France seulement, tandis que le nom d'indiennes était devenu universel. D'après O. de Schorn (*Textil Kunst*, Leipzig, 1885, p. 64) voir aussi Persoz et *Histoire documentaire*, et comme nous l'avons déjà dit, ce sont les étoffes apportées par une ambassade siamoise à la cour de Louis XIV en 1680, qui mirent l'indienne en vogue et cette fabrication se développa considérablement. Tout le monde voulait des « Surates », des « Calancas », des « Patnas », etc., étoffes dénommées ainsi d'après le nom des villes d'où elles provenaient, si bien que, la marchandise devenant rare, d'ingénieux ouvriers se mirent à en fabriquer sur place ; et ce fut ainsi que la France se trouva dotée d'une industrie nouvelle [1].

Les imitations d'indiennes furent d'abord fabriquées à Marseille, d'après des documents officiels (*Archives de Marseille* et *Marseille et ses industries*, par Louis Chabaud, 1883). Cette ville qui rivalisait avec Gênes et Venise pour le commerce des marchandises du Levant, semble avoir été le berceau de la fabrication de la toile peinte en France. Cette industrie prit un tel essor qu'en 1789, Mar-

[1] Parmi les premières usines, on cite celle fondée à Sainte-Suzanne, comté de Montbéliard, par un sieur Gritanner, de Saint-Gall — mais elle ne prospéra pas.

seille possédait déjà **20** fabriques d'indiennes peintes (*sic.*) (Archives de la chambre de commerce de Marseille). Ses imitations fabriquées à Marseille, puis à Montpellier, Rouen, Chatellerault, Avignon, Toulouse et même à Pau, etc., etc., se vendaient si bien que leur débit, joint aux arrivages incessants de la Compagnie orientale des Indes, fondée à Rouen en 1664, inquiéta les fabricants de draps et de soieries. Les plaintes affluèrent et la révocation de l'édit de Nantes (1685) vint donner (voir *Histoire documentaire de l'industrie de Mulhouse*, p. 284) un coup fatal à l'industrie des toiles peintes qui, ainsi que beaucoup d'autres, se trouvait en grande partie entre les mains des protestants. Depuis longtemps, les persécutions religieuses avaient chassé de France un grand nombre de huguenots qui allèrent porter au dehors leurs connaissances et leurs talents. Louis XIV, cédant à des conseils funestes, rendit le 26 octobre 1686 (voir Archives nationales, collection Randonneau) un « Arrest ordonnant qu'à partir du jour de la publication, toutes « les fabriques établies dans le royaume pour peindre les toiles de « coton blanches cesseront, et les moules servant à l'impression « d'icelles seront rompus et brisés, sous les peines y portées... « Défense est faite à toute personne de vendre et débiter, après le « dernier jour de décembre 1687, aucunes toiles peintes, tant des « Indes que contrefaites dans le royaume, et ordonna que celles « qui seront trouvées dans les boutiques et magasins de marchands « seront brûlées et ceux chez lesquels on les trouvera seront con- « damnés à 3.000 livres d'amende ».

Cette mesure étant restée inefficace, il y eut encore d'autres arrêts, l'un de 1693, un autre du 1er décembre 1697 confirmant et aggravant les précédents (Punition pour les femmes portant des robes d'indienne). Cette mode n'était encore qu'un goût passager qui, ainsi que toute mode, aurait passé avec le temps ; mais devenant fruit défendu, les indiennes furent la passion des dames de bon ton. Elles bravèrent ouvertement les édits et on en arbora partout, au spectacle et même à la Cour. Des dépôts clandestins existèrent à Versailles, à Fontainebleau et l'on fabriqua, sans crainte aucune, dans les endroits où les commis des fermes ne pouvaient exercer leurs droits de visite, ainsi à l'Arsenal, au Clos-Payen, dans la cour de Saint-Benoit, dans l'enclos de Saint-Jean de Latran. Le gouvernement se crut forcé d'user de rigueur, on perquisitionna, on brûla les toiles, on condamna les contrevenants. C'étaient peines perdues, les femmes de ceux qui étaient chargés d'exécuter les lois étaient les premières à porter des robes d'indienne et la marquise de Pompadour meublait son château de Bellevue avec de la contrebande.

Un arrêt du 27 mars 1699, de Gilles de Maupeou, commissaire pour la généralité de Poitiers « condamne à 2.000 livres d'amende « le nommé Saulin à Melle, pour avoir imprimé des toiles peintes, « confisque les pièces et les moules » (1).

Au 24 décembre 1701, on défend aux fabricants de Rouen de continuer à imprimer de la « Siamoise » (mélange de fil ou de coton et de fleuret de soie) quoique ce ne soit pas du coton pur.

Le 24 février 1708 « sont prohibées les toiles peintes des Indes, « celles contrefaites dans le royaume et encore celles contrefaites « en Hollande, et autres marchandises de contrebande venant de « païs étrangers. »

1709. — « Les moules et autres instruments servant à imprimer

____

(1) Voir la *Tradition de la Toile imprimée en France*, 1907, par H. Clouzot, pages 7 et suivantes. Nous avons fait à cette intéressante brochure l'emprunt des données concernant les manufactures de France au xviiie siècle.

« seront brûlés publiquement ; les graveurs, de même que les
« marchands, seront punis de 3.000 livres d'amende et mis en
« prison. »

En 1710, une ordonnance condamne le sieur Ginoux à 3.000 livres
d'amende, pour fabrication clandestine, dans une grange d'Orange,
d'indiennes et de toiles peintes, marchandises et moules brûlés.
(Archives de la préfecture de Marseille).

En 1734, à la demande du Roy qui craignait l'introduction en
fraude des toiles peintes du comtat Venaissin, le Pape, par un traité
de commerce spécial, supprime l'industrie de l'impression dans le
Comtat, moyennant une indemnité annuelle de 180.000 livres.

Ces mesures draconiennes qui continuent jusqu'après 1750,
furent le signal d'un développement inattendu dans les autres pays
d'Europe. La lutte de la loi contre la mode dura 73 ans et la mode
fut la plus forte. En 1759, l'interdiction de la fabrication de la toile
peinte fut levée. De nouvelles fabriques s'élevèrent dans toute la
France et le goût de l'indienne était si fort entré dans les mœurs
qu'il résista aux facilités que les dames trouvèrent à le satisfaire. De
ces usines, la plus connue, celle dont le souvenir est resté vivace
dans l'histoire de la mode, est l'usine de Jouy qui a donné son nom
aux toiles peintes, dites de Jouy. Elle n'était pas la première, car dès
1734 on fabriquait déjà très activement, dans le Comtat Venaissin
et dans d'autres localités qui, prévoyant la levée de la prohibition,
comme Amiens, 1753, Le Puys, 1756, Bourges, Angers, Orange,
1757, Nantes, 1758 avaient installé des ateliers bien avant l'arrêté
du 9 novembre 1759.

En 1758, Abraham Frey, venant de Genève, s'établit à Notre-
Dame-de-Bondeville, en Normandie ; puis vint Oberkampf en 1760.
Celui-ci travaillait depuis un an à l'Arsenal de Paris, chez un sieur

Cottin. Un suisse du roi, attaché au contrôle général des finances. Tavannes, lui demanda de diriger l'établissement qu'il venait de fonder au faubourg Saint-Marcel.

Le jeune bavarois accepta, à condition de transporter l'usine hors Paris et sur un emplacement plus favorable, et ce fut à Jouy-en-Josas qu'Oberkampf imprima, le 1er mai 1760, sa première pièce de toile (1). Son usine se développa rapidement grâce à ses dessins de bon goût et à l'éclat et la solidité de ses couleurs. En 1761, un ancien lieutenant particulier de la maîtrise des eaux et forêts en Dauphiné s'associa avec lui, lui apportant une mise de fonds considérable. L'établissement devint le premier du royaume et lorsqu'en 1783 Louis XVI lui donna le titre de « Manufacture royale », il ne fit que consacrer une réputation acquise et mettre le sceau à la renommée des indiennes de Jouy ». Cette fabrique compta jusqu'à 1.500 ouvriers : il y eut des habitations ouvrières, un hospice, des pensions de retraite, bref tout ce que nous considérons aujourd'hui comme l'extrême progrès.

Survint la planche plate, puis le rouleau avec ses perfectionnements, la nécessité de produire à bas prix et la concurrence étrangère. Ces diverses raisons amenèrent petit à petit la fermeture, non seulement de Jouy, mais encore de quantité d'autres usines moins importantes. Le rouleau porta un coup mortel à l'impression à la main qui, de fait, n'existe pour ainsi dire plus en France.

Voici en résumé, un essai de nomenclature, par régions, des localités de France où, avant 1800, l'impression à la main était pratiquée (voir *La Tradition de la Toile imprimée*, 1907, p. 13).

(1) Nous avons vu page 48 qu'il y eut une fabrique fondée en 1729. Il y en eut une autre créée en 1770 par Jacques de Balingnen (Wurtemberg), à Montbéliard, qui formait alors un comté.

L'Alsace-Lorraine possédait des manufactures à : Bienne (1802), Bièvre (1802), Bollwiller (1786), Cernay (1776), Colmar (1774), Courcelles-sur-Blaise (1789), Dornach (1760), Guebwiller (1790), Haguenau (1769), Logelbach (1768), Lutterbach (an IX, 1800), Mulhouse (depuis 1798), Munster, Nancy, Ribeauvillé, Sainte-Marie-aux-Mines (1756), Sierentz (1771), Thann (1790), Wesserling (1760), qui, en 1810 comptait 1.100 ouvriers et fabriquait 50.000 pièces.

L'Ile de France et les régions voisines avaient des ateliers à Beauvais (1765), avec quatre établissements occupant 1.000 ouvriers en 1786, à Chaville (1776) où de Robart, capitaine d'infanterie, protégé par Marie-Antoinette, avait ouvert une usine, à Claye (1778), à Corbeil (1767), à Courbevoie (an V, 1796) à Grey-sur-Auson (1788), fondation du duc de Penthièvre, à Jouy, manufacture royale (1759), à Meaux fondation du duc de Polignac (1779), à Melun (1786), à Meulan (an VI, 1797), à Paris, avec ses fabriques de l'Arsenal, des Gobelins et du Clos-Payen, à Saint-Denis (an V, 1796, à Saint-Just, près Beauvais (1771), à Senlis, à Sens (1765). à Olivet, près Orléans (1782), à Troyes (1764) qui comptait en 1810, quatre ateliers.

Dans la Normandie et la région de l'Ouest, on imprimait à Alençon (an VI, 1797), à Angers (1757), Bolbec (1772), Charleval, près Lions, Darnétal, près Rouen (1755), Fougères, Lions, Le Mans (1806) ; Nantes (1758) comptait en 1790 neuf manufactures occupant 4.500 ouvriers et imprimant 120.000 pièces, Notre-Dame-de-Bondeville, près Rouen (1758), Rennes (1766), Rouen (1786) avec cinq ateliers en 1789, Saint-Malo (1810), Venoix, près Caen (1786).

Le Lyonnais, le Dauphiné et la Provence comptaient des établissements à Annecy (1795), Avignon, avant 1734, Bourgoin (1788), Lo Buisseratte (1793), Jallien, avant 1789, Lyon (1772) possédant cinq usines en 1784, Marseille (1744), Meylan, près Grenoble (1785), Montluel (1792), Orange (1757), Pont-de-Veyle (1792), Saint-Symphorien, d'Ozon, avant 1789, Tarare (1775), Vernaison (1772), Vienne (an VI, 1797), Villefranche (1772), Vizille, dans l'ancien château du connétable de Lesdiguières (1776).

Dans le Centre, l'industrie s'exerçait à Bourges (1757), manufacture royale fondée par l'intendant Trudaines, à Brives, La Châtre 1761, Clermont (1766), Marsat, avant 1766, Montbrison (1778), Le Puy (1756) manufacture royale.

Dans le Nord, à Amiens (1753) avec cinq ateliers en 1786, à Leschelle, près Guise (1788), à Lille (1773), à Valenciennes (1810).

Dans le Sud-Ouest, Bordeaux (1780), Agen (1778), Montpellier (1764), Pau, Toulouse, avant 1789, où l'on trouve encore deux églises, la Dalbade et la Daurade dûes aux libéralités des indienneurs de cette ville.

D'après les documents qui précèdent, il est incontestable que l'art de l'impression, dans ses différents modes, nous vient de l'Orient. Le développement de cette industrie et sa diffusion dans les divers pays d'Europe sont caractérisés par deux voies bien distinctes. Nous trouvons l'impression à la réserve dans l'antiquité, en Chine, en Egypte. De ce pays, elle passe, dans les premiers temps du christianisme, en Perse, d'où elle est répandue dans tout l'Orient, par les Sassanides. C'est de ces contrées que des voyageurs européens l'importèrent, d'abord en Hollande, puis en Angleterre et en France et de là, successivement en Allemagne, en Suisse, un peu partout.

L'impression directe, aussi ancienne que l'impression à la réserve, qu'il ne faut pas confondre avec le procédé au trait usité chez les Indiens, avait aussi été pratiquée en Chine et en Égypte. C'est de ce pays que, par la migration et les incursions des Arabes vers l'Ouest et des Maures, elle fut introduite en Espagne, puis dans les provinces du Rhin, en Italie, etc.

La plus belle période de l'impression se remarque au moyen-âge, puis survient un retrait jusqu'à la réimportation des tissus d'Orient, au xviie siècle, qui suscita la création de nouvelles fabriques. Au xixe siècle, le progrès aidant, nous voyons, d'une part, les nouvelles combinaisons mécaniques et le développement de la chimie, et d'une autre, les fabricants cherchant à se libérer du joug des corporations. L'industrie prend un nouvel essor, mais au détriment de l'impression à la main, définitivement détrônée par celle à la machine. Enfin, la concurrence plus libre, modifie les prix et force à une production plus rapide et à meilleur marché tandis que l'industrie perfectionne les procédés connus et en invente de nouveaux.

L'IMPRESSION AU MOYEN DE PLANCHES EN RELIEF,

LES DIVERS PROCÉDÉS DE GRAVURE
Bois, Clichés métalliques.

MATIÈRES PREMIÈRES — OUTILS — MISE EN OEUVRE.
PLANCHES POUR IMPRESSION A LA MAIN.
IMPRESSION SIMULTANÉE EN PLUSIEURS COULEURS — COMPARTIMENTS.
PLANCHES POUR PERROTINE — FONDUS — FEUTRAGE, ETC., ETC.

DEUXIÈME PARTIE.

Comme nous venons de le voir, la gravure en creux (les inscriptions cunéiformes des Chaldéens, des Babyloniens, les inscriptions monumentales, aussi bien que la gravure en relief (des caractères chinois, ceux des monnaies antiques), étaient connus de toute antiquité.

Mais la planche gravée, autrement dit l'empreinte, est le premier emploi pratique de la gravure pour étoffes. Préciser l'époque à laquelle elle fut mise en oeuvre serait difficile ; toujours est-il que les Égyptiens, comme nous l'avons vu page 6, avaient des planches gravées *en relief* pour l'impression sur étoffes et, si cet art s'est un peu perdu par la suite, il faut l'attribuer à ce que l'impression sur tissus n'était pas en vogue ou que du moins les procédés des Indiens n'étaient pas appliqués en Europe.

On connaissait bien la taille du bois, mais ce ne fut guère que vers le xve siècle que l'impression à la planche gravée prospéra vraiment, puis redescendit pour ne reprendre une place importante que vers le premier quart du xixe siècle.

Aujourd'hui, plusieurs méthodes sont employées pour la gravure des planches. La plus ancienne, celle connue sous le nom de « pointe d'épargne », s'exécutait à l'aide d'une petite lame emmanchée avec laquelle on découpait en relief, sur bois de fil, les dessins. Vers 1500 parut la gravure en camaïeu (1) qui s'exécutait au moyen de deux, trois planches — trait — demi-teinte et ombre. Ce procédé fut appliqué à la confection des étoffes pour tapisserie qui

(1) Ce mot qui, dans le vieux français, avait la même signification que *Camée*, de l'arabe *Camaa*, *relief*, a servi depuis pour désigner une peinture *monochrome*, c'est-à-dire à une seule couleur, que l'on nomme aussi *grisaille*. Cette sorte de peinture simple s'applique à toute nature d'objets décorés : papiers, tissus, poteries, verreries, etc. On peut en tirer parti sur fond coloré de toute nuance et même sur fond blanc. Elle consiste dans l'usage d'une seule couleur, mise plus ou moins épaisse suivant sa transparence, la lumière étant fournie par le blanc ambiant. Si la couleur est opaque il faut opérer par couches de plus en plus foncées par elles-mêmes pour arriver à la vigueur nécessaire à l'obtention du modèle.

Ce mot *camaïeu* s'applique particulièrement à un genre de gravure à plusieurs tons d'une même couleur, obtenue à l'aide de planches superposées. Le plus simple camaïeu est à deux planches gravées en relief ; on en emploie aussi trois et même quatre.

Dans l'impression sur tissus, lorsque le camaïeu est en parfaite harmonie, on dit qu'il est *à point*. Lorsque le ton le plus foncé est trop fort et le ton clair trop faible, le camaïeu devient *dur*. Quand, au contraire, les deux termes se rapprochent trop l'un de l'autre, on dit que le camaïeu est *plat*.

On donne le nom de faux camaïeu à la combinaison de deux couleurs de tons différents ; ainsi le rouge forme avec le rose un beau et *vrai camaïeu* franc, tandis que le rouge et l'orange, l'olive et le vert donnent de *faux camaïeux*.

se faisaient en assez grandes quantités sous Louis XIII et il fut usité jusque vers 1740. A cette époque les graveurs imaginèrent de planter dans le bois des lamelles de cuivre, façonnées de manière à obtenir des contours très fins et ne s'encrassant pas de couleur.

Ces procédés restèrent stationnaires jusque vers 1832, époque où survint le polytypage que l'on obtenait en brûlant des creux dans un bloc de bois, au moyen d'une fine lame métallique chauffée d'abord au charbon, puis plus tard au gaz. Dans ces creux, on versait un alliage qui, en se refroidissant, reproduisait la gravure. Les plaques ainsi obtenues étaient alors placées côte à côte et formaient de très belles planches (1).

En 1838 vint la gravure stéréotype qui se faisait au moyen de moules en plâtre. Après 1840, on employa les picots qui furent en grande faveur surtout pour les genres réserve et les enlevages, les genres lapis, les genres dits orientaux, etc., genres qui sont aujourd'hui, pour ainsi dire abandonnés.

L'impression à la perrotine donnant un nouvel essor à la gravure sur bois, on fit de nouvelles planches — en bois — en bois et feutre — en alliage et aussi en combinant le bois avec l'alliage et les picots.

---

(1) Les clichés se faisaient déjà en Suisse, dans la maison du Bied de Neufchâtel — il en est question dans le *Traité pour les toiles peintes*, par M. de Quérelles, publié à Amsterdam en 1760 — qui dit : « On se sert, pour faire les « toiles (toiles bleu, blanc réserve) de planches d'étain, ou plutôt de planches « composées d'un métal fait de 1 partie d'étain et 2 parties de plomb, afin « qu'il soit plus dur et que les planches soient plus longtemps en état de servir. « On commence par graver en bois le modèle de la planche qui doit être en « plomb ; on imprime dans du sable cette planche de bois, et on jette sur ce « sable le métal fondu. Les planches étant fondues, on les sépare avec un « ciseau, parce qu'il est rare qu'il ne se fasse pas quelque faute dans la fonte « (Q''', page 106). »

Tous ces genres ont été délaissés, et avec eux l'impression à la main et celle à la perrotine, qui n'est plus guère pratiquée dans certains pays tels que la Russie, l'Allemagne, la Hongrie, le midi de la France. que pour les genres réserve sous bleu de cuve. L'impression à la main et à la perrotine disparaissant, il va de soi que l'art de la gravure ne put progresser, mais périclita forcément, au point d'arriver à être réduit à quelques petites spécialités.

Il est regrettable de voir disparaître une industrie aussi artistique que la gravure sur bois Aussi. comme il y a peu de données sur la matière. avons-nous cru intéressant de rassembler ce qui a pu être écrit et ce que nous avons pu apprendre *de visu*, pendant une longue carrière dans l'impression. sur ce sujet qui, suivant les circonstances, pourra redevenir d'actualité.

DES DIFFÉRENTES ESPÈCES DE BOIS EMPLOYÉES.
QUALITÉS ET DÉFAUTS DE CHACUNE.
FABRICATION DES PLANCHES BRUTES

Il existe une grande variété de bois utilisables pour la gravure ; mais, suivant les circonstances. les époques, les pays, les genres et aussi les prix. on a eu des préférences pour telle ou telle essence plutôt que pour telle autre.

Voici une nomenclature générale des bois les plus fréquemment employés, les uns servant pour la confection des planches. les autres pour l'exécution de la gravure proprement dite :

L'acacia, l'aulne. le buis. le bouleau, le châtaigner. le cormier, le charme, le chêne, l'érable, le frène, le houx, le hêtre, l'if, le mûrier, le noyer, l'orme, l'oranger, l'olivier, le poirier, le pommier, le prunier, le platane, le peuplier, le pin, le sapin, le saule, le sycomore, le tilleul, le tremble.

De toutes ces espèces nous ne nous occuperons que des bois suivants. qui représentent ce qui est aujourd'hui le plus généralement employé et dont on trouvera ci-après (p. 61). le tableau récapitulatif des espèces avec leurs prix. densités, etc

Dans le choix du bois on doit avoir égard aux prix et aux dimensions, à la ténacité d'où dépendent la finesse et la délicatesse de la gravure, à la manière dont il est impressionné par l'humidité, parce qu'un bois très sensible aux variations atmosphériques étant sujet à travailler. les planches qu'il fournit se *voilent* et deviennent bientôt défectueuses : au genre d'impression que l'on veut produire. à la délicatesse et à la dimension des sujets.

Le buis et le houx étant d'un prix élevé. difficiles à travailler et ne se trouvant jamais qu'en planches de faible dimension. on leur préfère communément. à moins qu'il ne s'agisse d'impressions délicates, le poirier. qui est moins quinteux, moins noueux surtout que le houx et plus dense. Cependant, pour les impressions ordinaires et qui demandent de grandes planches, comme ce bois serait trop lourd, on se sert du noyer et du tilleul que leur pesanteur spécifique. beaucoup moindre. rend plus faciles à manier.

Quand on a choisi un bois convenable et qu'il a été suffisamment desséché par une exposition à l'air. on en débite les billes en les sciant, tantôt perpendiculairement à leur axe de manière à utiliser toute la surface du tronc (c'est ce que l'on fait ordinairement pour le buis et le houx) tantôt. au contraire, parallèlement à leur axe.

TABLEAU des divers bois employés pour la confection et la gravure des planches pour impression à la main ou à la perrotine.

Nos	Noms usuels	Noms scientifiques	Densité	Prix par **mètre cube** scié et séché	Observations
1	Aulne . . .	*Betula Alnus L.*	0.460 à 0.550	85 à 90 fr.	Bois rougeâtre, à écorce gris foncé.
2	Buis . . .	*Buxus sempervirens L.*	de Hollande, 1,300 de France, 0,940	—	Bois jaunâtre, à écorce cendrée.
3	Cormier . .	*Sorbus domestica L.*	0,849	95 à 100 fr.	A 20 0/0 d'humidité.
4	Chaume . .	*Carpinus betulus L.*	0,760 à 0.900	95 à 100 fr.	
5	Châtaignier .	*Castanea fagus L.*	0,550 à 0.740	—	
6	Houx . . .	*Ilex aquifolium L.*		—	
7	Noyer . . .	*Inglaus regia L.*	Vert. 0.920 Brun, 0.685	225 à 300 fr. —	Bois grisâtre.
8	Peuplier . .	*Populus Canadensis M.*	0.390	75 à 85 fr.	
	» blanc	*Populus alba L.*	0.511	90 à 110 fr.	Aussi appelé Ypréau.
9	Poirier . .	*Pyrus Communis L.*	0,732 à 0.840	130 à 140 fr.	
10	Pommier . .	*Pyrus Acerba D. C.*	0,734 à 0.800	100 à 120 fr.	
11	Prunier . .	*Prunus domestica L.*	0.872	—	
12	Sapin . . .	*Pinus abies. L. Epicea.*	0.738	65 à 75 fr.	
	»	*Abies pectinata D. e.*	0,658	90 à 110 fr.	
	»	*Pinus alba. P. blanc*	0.450 à 0,560	—	
13	Tilleul . .	*Tilia rubra D. C.*	0,604	120 à 140 fr.	
14	Tremble . .	*Populus tremulata L.*	0.602	90 à 100 fr.	Avec 20 0/0 d'humidité.

pour les réduire en planches de 5 à 6 centimètres d'épaisseur, qu'on divise ensuite dans leur longueur, d'après la mesure du dessin, en ne conservant que les parties tout à fait saines. Les deux surfaces de chaque planche sont alors *aplanies* avec soin, mais surtout celle que l'on destine à la gravure et dont la fibre doit être nette et présenter le plus d'homogénéité.

Comme les planches se voilent ordinairement au contact des liquides, quand elles sont trop minces, on leur donne autant d'épaisseur que possible. Dans les pays où le poirier est rare, on a recours à un artifice qui, à l'avantage d'une économie de moitié au moins, joint celui de rendre les planches plus propres à résister à l'influence des corps pouvant réagir sur les fibres.

On réduit les planches de poirier à la moitié et même au tiers de ce qu'elles devraient être, puis, après les avoir aplanies, on fixe à la colle forte, sur la face qui n'est pas destinée à recevoir la gravure, une planche de chêne de la même dimension et également plane, en ayant soin de la placer de telle sorte que sa fibre soit perpendiculaire à celle du poirier. Sur cette planche de chêne, on en colle une autre en sapin dont la fibre doit de même être perpendiculaire à celle de la planche à laquelle elle adhère, ce qui fait qu'elle est parallèle à celle de la planche de poirier.

Outre la colle forte, on emploie aussi la colle à la caséine, qui donne d'excellents résultats. La colle à la caséine se prépare comme suit : on fait une dissolution tiède de borax de 8 0/0, soit huit parties de borax que l'on dissout dans cent parties d'eau tiède ; on y incorpore environ vingt à vingt-cinq parties de caséine, on obtient une pâte épaisse très collante avec laquelle on opère comme avec la colle forte ; on a aussi employé la caséine à la chaux, et dans ces derniers temps on a essayé la galimthe (caséine et formol) mais nous ne connaissons pas les résultats obtenus en pratique.

Ces planches, ainsi accouplées, plus légères que celles de poirier seul, ne présentent qu'un inconvénient : celui de ne pouvoir être redressées aussi facilement que celles-ci quand elles sont une fois déformées ; tandis qu'il suffit, pour ramener à son état primitif une planche de poirier qui a travaillé, de donner à propos un trait de scie sur la surface voilée, de chauffer l'autre après l'avoir légèrement humectée, et quand elle est redressée, d'y clouer, pour la maintenir, de petites traverses en fer ou en bois.

Lorsqu'on s'est ainsi procuré les planches nécessaires à la gravure et que les côtés qui doivent recevoir cette gravure ont été aplanis, on découpe sur les surfaces opposées deux cavités ou poignées qui permettent à l'ouvrier de les saisir et de les manier ; on y perce en outre, du même côté, un trou d'environ 1 centimètre de profondeur et de même diamètre destiné à les fixer sur l'établi du graveur.

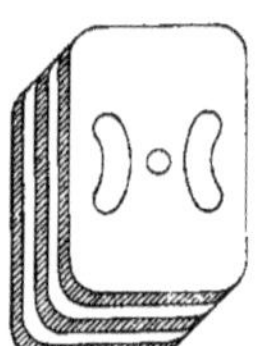

Fig. 26 — Envers de planche d'impression.

Les planches sont alors encore soumises à un dernier polissage à la pierre ponce pour qu'elles deviennent bien propres, bien unies et enfin elles passent entre les mains des metteurs sur bois.

Outils. — Les outils que l'on emploie pour la gravure sur bois sont très simples et peu nombreux.

Pointes. — Pour tracer les dessins dans la mise sur bois, on emploie les pointes à tracer Comme le nom l'indique, ce sont des lames en acier, assez semblables à une lancette ou à un ressort de montre bien taillé, emmanché et qu'il faut avoir soin de toujours tenir bien aiguisée. Les pointes sont adaptées à un manchon en buis, de façon à pouvoir facilement les tenir et les manier; elles sont maintenues par une forte virole en cuivre. C'est avec ces pointes que le graveur doit tracer, d'une main sûre et vigoureuse, les contours du dessin, sans ébranler la fibre du bois et sans produire de déchirements ou de bavures, autrement il manquerait son but. Ces lames doivent être de la meilleure trempe et être aussi tranchantes que possible.

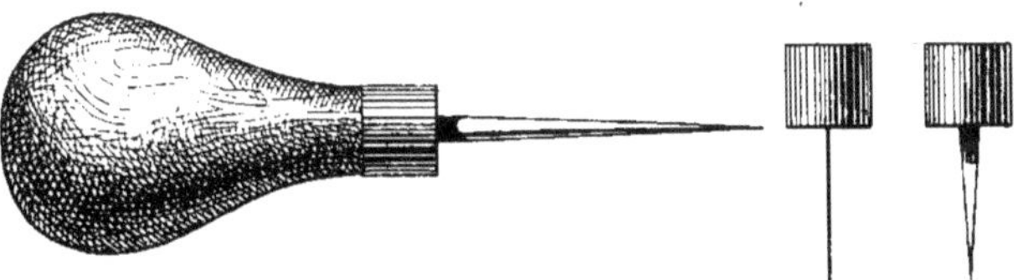

Fig. 27. — Pointe à tracer 1/2 grandeur naturelle.

Gouges. — Les gouges, qui sont au nombre d'une trentaine environ, servent à creuser, à évider les planches, à découper les fleurs, les objets fins. Ce sont des pièces d'acier d'environ 7 centimètres de long ; elles affectent les formes d'arc de cercle ou de demi-cercle ; elles sont aussi munies de manches comme les pointes. Voici les formes principales :

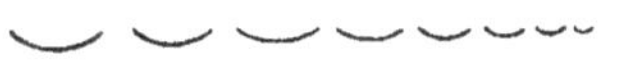

Fig. 28. — Formes rondes. 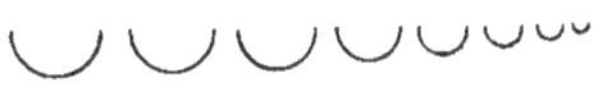 Fig. 29. — Formes dites plates.

Elles sont numérotées d'après leur grandeur : la plus petite porte le n° 00, et la plus grande le n° 24 ; elles vont de 1 millimètre à

8 millimètres et sont divisées par fractions de millimètre. La gouge est munie, au haut du manche, d'une pièce carrée faisant rebord pour pouvoir, avec de légers coups donnés par la main, faciliter l'enlè-

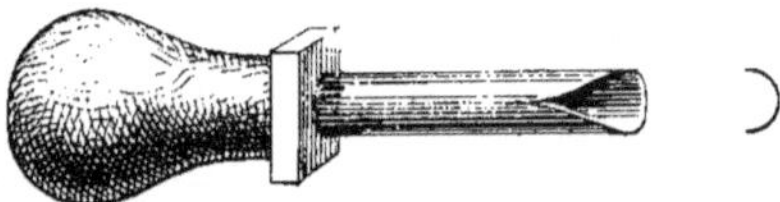

Fig. 30. — Gouge (1/3 de grandeur naturelle). — Partie taillante.

vement du bois : elle s'enfonce dans le bois avec la main seulement ou à l'aide d'un petit marteau avec lequel on frappe avec ménagement.

Bout-avant. — Pour enlever les parcelles de bois qui sont à côté de la gravure même et pour vider les parties creuses lorsque les contours ont été tracés, on emploie le bout-avant, en italien, *butta-*

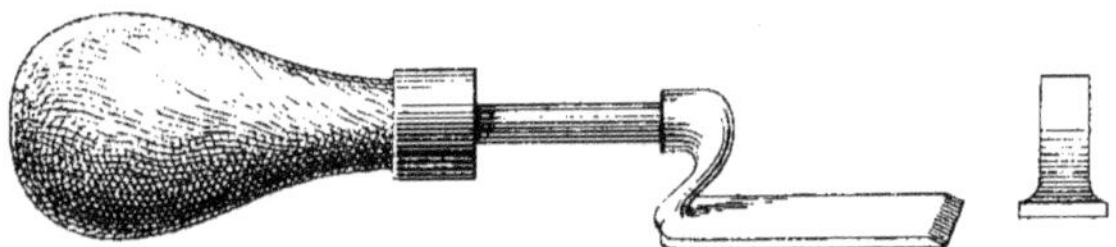

Fig. 31. — Bout-avant (1/2 grandeur naturelle)

mano. Il y en a une vingtaine de sortes environ. Ce sont des tiges métalliques dont la plus petite a à peu près 1 millimètre de plat, et la plus grande, de 7 à 8 millimètres. C'est un instrument recourbé comme une truelle de maçon et coupant à plat. Il est analogue, en plus petit, à l'outil employé par les maréchaux pour couper la corne des chevaux à ferrer.

5

Drilles et vilebrequins. — Pour faire les trous de diverses grandeurs, percer le bois, etc., on emploie les drilles et les vilebrequins. Le drille est un outil muni d'un foret de grandeur déterminée ; on fait tourner celui-ci au moyen d'un archet ; le vilebrequin est plus grand et muni de mèches de diverses formes ; on le fait tourner, au moyen de son manche courbé en C et mobile à sa partie supérieure, dans une sorte de champignon sur lequel on appuie soit avec la main, soit avec la poitrine.

Ciseaux. — Les ciseaux sont des pièces d'acier plat, aiguisées et munies de rebords pour pouvoir au besoin frapper dessus avec de petits marteaux d'acier.

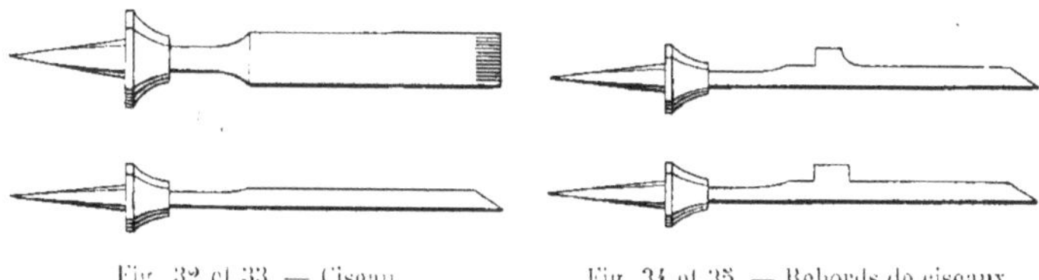

Fig. 32 et 33. — Ciseau.   Fig. 34 et 35. — Rebords de ciseaux.

Outils divers. — Outre les outils cités, il faut encore des marteaux de différentes grandeurs, mais toujours en métal ; on n'emploie pas de marteaux en bois et les plus grands ont au maximum 10 centimètres.

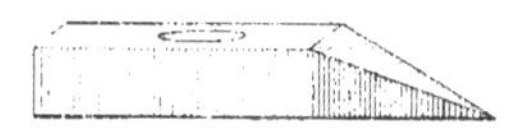

Fig. 36. — Marteau. — 10 centimètres.

Il faut enfin un assortiment complet de rapes et de limes, plates, rondes, carrées.

Pour les planches dans lesquelles on met des pièces en métal (picots, pièces diverses de cuivre ou laiton, rondes, ovales, etc.), on emploie des porte-pièces ou matrices. Ce sont des sortes de gaines dans lesquelles on introduit les pièces de laiton destinées à être enfoncées dans les planches. Ces porte-pièces se font de diverses façons suivant les pièces à enfoncer dans la planche, mais dans tous les cas, le creux de la matrice doit avoir une longueur déterminée. C'est toujours la longueur que doit avoir la pièce à enfoncer au dehors de la planche. Ainsi, quand on enfonce au moyen de la matrice et du marteau, un picot, celui-ci doit dépasser toujours de la même hauteur le niveau de la planche. Généralement le picot a une longueur correspondant au 3/2 de sa longueur hors de la planche.

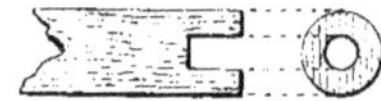

Fig. 37. — Matrice à picots.

Par ce moyen, on peut fournir des picots aussi fins qu'une aiguille ou des traits délicats, des formes très fines. Les picots ont

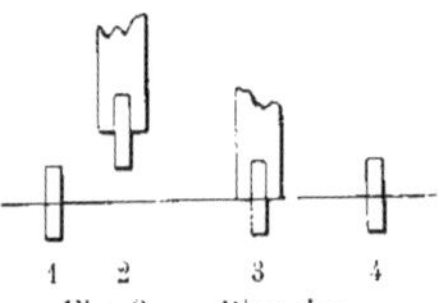

Fig. 3. — Planche.

1. Picot enfoncé.
2. Picot prêt à être enfoncé et dans la matrice.
3. Picot enfoncé et encore avec la matrice.
4. Picot enfoncé et dégagé de la matrice.

généralement une longueur totale égale à 1 fois 1/2 ou 2 fois la profondeur de la gravure : ils sont amincis à l'extrémité qui doit entrer dans le bois, où on les force au moyen de l'outil dit porte-pièce ou matrice sur lequel on frappe avec un petit marteau, en ayant soin que l'extrémité qui fait saillie ne soit jamais au-dessous du niveau de la gravure, mais sensiblement à la même hauteur.

L'emploi du picot a bientôt conduit le graveur à se servir de lames de métal de différentes épaisseurs et à leur donner toutes les formes possibles; on obtient ces formes au moyen de filières ou de machines à gaufrer, que chaque graveur fait selon ses besoins et on les implante dans le bois en les associant convenablement pour représenter le dessin à exécuter. Voici quelques exemples :

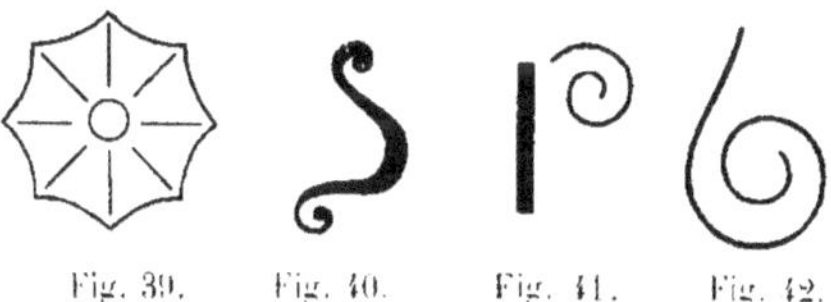

Fig. 39.   Fig. 40.   Fig. 41.   Fig. 42.

Quand il s'agit de faire des genres contournés, comme des bords de palme dans un cachemire, on fait des bandes en laiton et celles-ci sont alors implantées petit à petit avec le marteau. On est ainsi

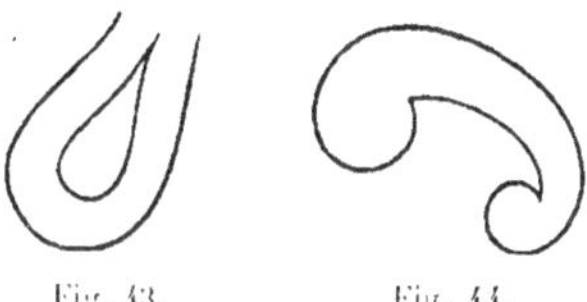

Fig. 43.   Fig. 44.

arrivé à reproduire facilement toutes les formes possibles et ce moyen de gravure a énormément facilité la confection des planches tout en produisant une gravure très nette, très propre et moins sujette à se détériorer.

Mise sur bois. — Le metteur sur bois est chargé de tracer sur les planches préparées les traits de la couleur à imprimer. A cet effet il décalque le dessin sur une feuille de gélatine ou de papier glacé, puis il enduit le décalque d'encre typographique et, après un tirage des épreuves sur un châssis de taffetas gommé, il les reporte sur les planches ; les rentrures sont calquées au pinceau sur papier huilé puis décalquées sur les planches à l'aide d'un petit maillet de bois. Sous les coups précipités du maillet, la couleur, faite avec du carmin à l'eau, s'imprime sur le bois et le metteur doit observer la plus rigoureuse exactitude pour les repérer afin qu'il y ait à la fois continuité dans l'impression et encadrement parfait des rentrures.

Le metteur sur bois est tenu de se bien renseigner sur le genre de planches à graver. Quand il s'agit d'impression à la main seulement, il suit son dessin très exactement, en ayant soin de le faire cadrer avec les tissus sur lesquels il doit être imprimé, car il est important de ne pas faire de rapport ou trop grand ou trop petit ; trop grand, il y a perte de l'étoffe que l'on ne peut ajuster sans grand déchet, et il en est de même quand le rapport est trop petit ; il faut toujours s'arranger de façon à ce qu'il y ait tout au plus une perte de 1 à **2** 0/0 sur la largeur totale de l'étoffe à imprimer.

C'est pour cela que l'on ne peut indifféremment imprimer un dessin à la planche sur toutes largeurs de tissus : il y a toujours une relation calculée de façon à perdre le moins possible d'étoffe, soit dans l'impression soit après celle-ci, dans l'assemblage des pièces imprimées qui naturellement doivent se raccorder.

Par contre, quand il s'agit de faire des rentrures pour le rouleau et pour la perrotine, on ne peut pas les faire directement d'après l'original du dessin, même quand celui-ci a été mis à la mesure voulue.

Comme les pièces imprimées au rouleau et destinées à être rentrées après coup, jouent, on ne se guide pour les planches de rentrure à faire que sur des pièces déjà finies, c'est-à-dire (quand elles sont imprimées au rouleau à plusieurs couleurs) sur une bonne pièce qui a subi toutes les opérations voulues avant la rentrure des dernières couleurs faites à la planche. Il en est de même pour les pièces faites par exemple à la perrotine qui jouent moins, mais qui néanmoins jouent ; et de fait le même dessin fait au rouleau à quatre couleurs par exemple et à quatre couleurs à la perrotine, ne peut être rentré avec les mêmes planches ; la différence dans le rendement est assez sensible pour ne pas permettre d'employer indifféremment, pour rentrer des dessins au rouleau ou à la perrotine, les mêmes planches de rentrure.

Le metteur sur bois commence par tracer, dans les directions voulues pour qu'elles se coupent perpendiculairement, des lignes parallèles également distantes l'une de l'autre, qui permettent d'assigner à chaque partie du dessin la place qui lui convient ; alors, au moyen d'un papier végétal sur lequel on a calqué le dessin et en s'aidant d'une pointe, le metteur sur bois transporte ou picote le dessin sur la planche et en colore ensuite les traits en rouge, au carmin ou au cinabre, ou au vermillon, pour les rendre plus visibles, ou comme nous l'avons dit plus haut, en faisant des décalques à l'encre typographique. De nombreux essais ont été faits pour diminuer les frais qu'occasionne la mise en train de la gravure sur bois, mais jusqu'à présent ils n'ont réussi que pour les impressions à une couleur. On emploie des moyens plus ou moins analogues à ceux qui sont usités pour le transport des impressions lithographiques sur faïence et sur porcelaine.

Gravure. — Les parties du dessin tracées sur la planche, le graveur se met à l'œuvre.

Au moyen d'une cheville en fer fixée sur un établi solidement construit et qui s'adapte au trou percé à dessein dans la planche, (voir planche d'impression, fig. **26**, page 65), celle-ci est maintenue solidement tout en conservant la faculté de tourner sur elle-même. Le graveur dégrossit le bois, puis découpe et vide son dessin, en réservant pour la fin les parties les plus fines et les plus délicates.

Avec les moyens précités on conçoit facilement que, quelles que soient l'adresse du graveur et la qualité du bois, des traits aussi déliés qu'un fil ou aussi fins qu'une pointe d'épingle ne peuvent résister à l'impression ; les premiers coups de planche font tomber et les fils et les picots. Néanmoins on peut dire que les anciens graveurs avaient perfectionné la gravure à l'extrême limite ; du reste les gravures qui en 1830-1840 se payaient jusqu'à **200** francs, ne coûtaient plus en 1850 qu'environ **20** à **30** francs.

Un des premiers perfectionnements a été la substitution du picot en métal au picot en bois.

Les picots en métal sont des fils de cuivre rouge ou jaune, d'une longueur égale à trois fois la profondeur de la gravure et amincis en pointe à l'une de leurs extrémités ; le graveur, muni d'une petite matrice dans laquelle s'enchâsse le picot, l'enfonce dans le bois jusqu'au tiers de sa longueur, au moyen d'un marteau, en ayant soin que l'extrémité qui fait saillie ne soit jamais au-dessous du niveau de la gravure, mais sensiblement à la même hauteur. C'est en Suisse que l'on a commencé la gravure des picots vers 1815-1818, voir page 43.

L'heureux parti que l'on a tiré de l'emploi des picots a bientôt conduit le fabricant à faire laminer des lames de cuivre jaune de différentes épaisseurs, à les découper et à les enfoncer dans le bois, en leur donnant les formes les plus variées : des ronds, des ovales, des feuilles ou arabesques.. etc., comme nous l'avons déjà dit au chapitre des outils. On est arrivé ainsi à produire sur bois des lignes continues ou brisées aussi déliées que possible et qui résistent à tous les chocs de l'impression sans se déranger. Enfin on est allé plus loin ; au moyen de filières, de laminoirs. de machines à gaufrer, on est parvenu à donner aux fils et aux lames de cuivre des formes tellement variées qu'il suffit de les implanter dans le bois, convenablement associées. pour graver un dessin quelconque. Une fois dans cette voie. on ne s'arrêta pas et comme on avait remarqué que. lorsqu'on imprimait des parties massives. les contours n'en étaient pas bien nets. qu'il y avait des érosions sur les côtés (érosions que l'on appelle *barures*). que la couleur n'était pas uniformément répartie sur le tissu. soit que le bois ne se chargeât pas de couleur. soit qu'il ne la cédât pas également ; on chercha à remédier à ces inconvénients Pour ce faire, on implanta dans les planches des lames de cuivre de façon à former le contour des masses et on en remplit le vide au moyen de feutre ou de débris de vieux chapeaux. d'où est venu l'expression de planches *feutrées ou chapeaudées*. A cette disposition assez dispendieuse. on en substitua une plus simple ; la planche garnie. On imprégna les parties destinées à transporter sur l'étoffe les masses de couleur, d'huile de lin rendue siccative et épaissie sur laquelle on répand, au moment où elle va se solidifier. de la *tontisse* duvet enlevé par la lame des tondeuses sur le tissu de laine que l'on tond). On tamponne avec un chiffon. on laisse sécher et l'on obtient une planche qui rend d'aussi bons services que les planches chapeaudées.

Enduit pour le feutrage des planches. Manière de l'appliquer.

Broyer ensemble, avec le plus grand soin, sur une pierre à broyer :

> 1 kilo huile siccative ;
>
> 1 kilo carbonate de plomb ;
>
> 160 grammes oxyde plombique ;
>
> 62 grammes essence de térébenthine.

On étale cette composition sur un châssis, on y applique la planche à feutrer que l'on retourne ensuite et qu'on saupoudre de tontisse à l'aide d'un tamis, puis, lorsqu'on a fait pénétrer doucement la tontisse dans le mastic en se servant d'un tampon, on enduit de nouveau la planche de mastic et on la presse légèrement sur une feuille de papier recouverte d'une légère couche de ce duvet. Quand le tout est desséché, ce qui a lieu au bout de quinze jours, on enlève, au moyen d'une brosse, la tontisse qui n'adhère pas à la planche et l'on détache avec une pointe de métal toutes les parties de la planche qui pourraient avoir été engorgées.

Depuis on a modifié le chapeaudage en employant une dissolution alcoolique de gomme laque. Celle-ci doit avoir une consistance moyenne. On l'introduit dans les parties destinées à être chapeaudées, puis on y place des morceaux de feutre (carpets) préalablement découpés à la forme voulue et on les y force. La gomme laque se dessèche et le feutre devient adhérent. Ce procédé est celui qui a été le plus employé dans ces dernières années : on se servait même du drap, dans le genre du bon drap de châssis, et la couleur happait facilement et fournissait très bien à l'impression

Nous venons de voir la construction des fonds ; mais avant de feutrer, il faut nécessairement évider la planche, ce qui se fait par les gouges, etc. Cet évidage avait lieu aussi bien pour les grosses parties que pour les petites et se faisait à la main pendant de longues années. On perdait ainsi beaucoup de temps ; c'est alors que vers 1866 on imagina la machine à évider : elle fut inventée par MM. Dollfus Mieg et C° et nous extrayons, d'un rapport publié dans les *Bulletins de la Société industrielle de Mulhouse*, ce qu'en dit M. Josué Heilmann (1866, pages **241** et suiv.).

Cette machine a pour but d'abréger le travail nécessaire à la confection des planches d'impression.

Lorsque l'ensemble du dessin à graver est divisé par groupes distants les uns des autres, et ce cas se présente assez fréquemment, les intervalles libres, qui souvent offrent beaucoup plus d'étendue que le dessin lui-même, doivent être creusés assez profondément pour que, dans l'emploi du châssis, la couleur ne porte que sur les parties en relief. La même chose a lieu au clichage ; les contours, au lieu d'être découpés dans le bois même, sont rapportés et fixés sur la planche par portions plus ou moins grandes et laissent entre eux des espaces libres quelquefois très considérables. C'est alors que la machine à évider remplace avec avantage l'emploi de la gouge. Le rendement de la machine en question est d'environ quatre fois le rendement du travail manuel à la gouge. Voici une description très succincte de cette machine :

L'outil, ou si l'on veut la *mèche*, la *fraise*, qui attaque le bois, est la partie essentielle ; elle a une forme particulière dont le croquis ci-joint donne un aperçu. Il est fixé à l'extrémité inférieure d'une broche verticale tournant dans deux coussinets adaptés au bâti de la machine. Cette broche, qui porte une poulie de faible diamètre communiquant par une courroie avec le moteur, tourne avec une grande rapidité. Il faut qu'elle atteigne 3.500 à 4.000 tours par minute pour que le travail se fasse convenablement. Tout en

conservant son mouvement de rotation, la broche peut, en glissant longitudinalement dans ses coussinets, s'abaisser et se lever
et permettre à la mèche de s'introduire plus ou moins profondément
dans la pièce qui lui est présentée. Ce mouvement de hausse et de
baisse est produit par un système de leviers que fait manœuvrer
une pédale placée à portée du pied de l'opérateur. Une vis de rappel

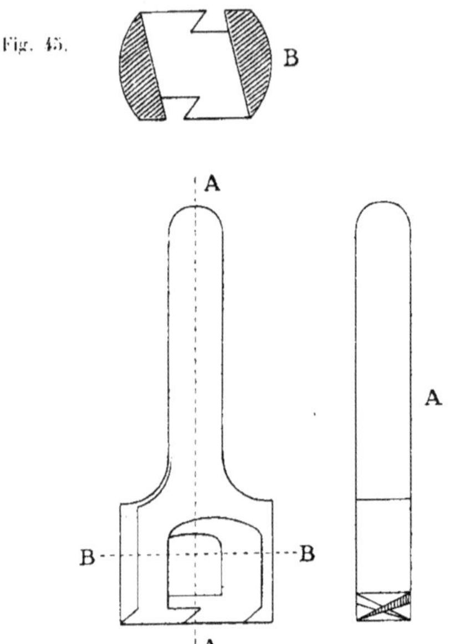

Fig. 46. Fig. 47. — Mèche de machine à évider.

permet de régler très exactement le point où doit s'arrêter l'outil
dans son mouvement de descente. Pendant qu'il entame le bois
cet outil est toujours au bas de sa course. La pièce de bois à creuser
est placée sur un plateau horizontal en fonte, de forme circulaire,

dont le centre est un peu au-dessous de l'extrémité de la mèche. Au moyen d'une vis qui lui est adaptée, ce plateau peut être facilement élevé ou abaissé par un simple mouvement de rotation. La pièce de bois est placée sur le plateau, l'outil abaissé jusqu'à ce qu'il entame assez profondément, puis l'ouvrier promène la planche sur le plateau en ayant soin de suivre les contours du dessin. Nous avons dit que dans cette machine l'outil est la pièce importante, essentielle ; mais il est une autre partie indispensable à un travail régulier et continu.

La quantité de copeaux produits pendant l'opération est si considérable que la partie de la planche attaquée en est instantanément recouverte, ce qui empêche l'opérateur de voir les contours qu'il doit suivre. Pour remédier à cet inconvénient, on a eu recours à un courant d'air projeté sur l'extrémité de l'outil. Cette ventilation est produite par le mouvement d'une hélice, pareille comme forme à une petite turbine : elle est fixée sur la broche même entre les deux coussinets et le courant d'air concentré est dirigé vers la partie où les copeaux se dégagent, au moyen d'une enveloppe en forme d'entonnoir.

Relativement à la forme de la mèche et de son action sur le bois il y a à faire quelques remarques.

L'immense quantité d'instruments qui ont été imaginés et que l'on invente chaque jour pour arriver à couper, creuser, percer les métaux, le bois, et d'autres matières de différentes façons, peuvent se diviser en deux catégories : les outils qui *coupent* en enlevant de vrais copeaux et les outils qui *râpent* ; les rabots, les ciseaux, les forets coupent la matière ; les limes, les scies, les fraises, râpent ou râclent. C'est surtout dans le travail sur bois que cette différence est sensible et il y a des cas où l'on ne peut enlever qu'en grattant. C'est surtout dans le travail du bois que cette différence d'action est sensible ; la râpe, la lime agissant sur une pièce de bois ne laissent qu'une surface rugueuse, tandis qu'un rabot ou un ciseau, dont le biseau est suffisamment incliné sur la surface à entamer, détachent une lame mince de la matière et laissent une surface polie. L'outil en question a le grand avantage d'agir de cette manière, les deux branches qui se terminent et vont se relier à la partie inférieure présentant partout au bois un tranchant extrèmement incliné sur la surface à entamer, nous dirons presque tangent à sa surface. Cet outil, coupant tout à la fois latéralement et par sa partie inférieure, enlève le bois à l'état de lames minces qui peuvent, sans rencontrer d'obstacle, s'échapper librement par l'ouverture formée par les deux branches de l'instrument. Quant à la forme même des branches, on peut la varier à l'infini suivant la nature du travail à produire : le point essentiel pour que l'opération puisse se faire dans de bonnes conditions c'est que, partout où l'acier vient entamer le bois, il présente une partie tranchante très inclinée sur la surface à entamer (pour plus de détails, voir la description de la machine construite par MM. Dollfus Mieg et Cᵢₑ, 1866, pages 245 et suivantes) *in Bulletin de la Société Ind. de Mulhouse.*

Les planches bien évidées, soit à la main, soit mécaniquement, le graveur détaille le dessin, enlevant ce qu'il y a de trop, puis laissant ce qui doit constituer le dessin. C'est ici que le graveur doit, avec délicatesse et une grande exactitude, enlever le superflu et détailler le dessin, les parties à creuser bien évidées et les autres formant le relief et par conséquent la planche d'impression ; celles-ci sont égalisées, passées à la pierre ponce d'abord puis à une pierre plus fine et enfin, après cette dernière opération, elles sont livrées à l'imprimeur.

Il arrive souvent qu'au moment de terminer une planche il se trouve, que par un accident fortuit, une pièce s'abîme, une partie se casse ; le graveur a soin d'incorporer alors un nouveau morceau de bois dans la planche et on regrave à nouveau la partie détruite. C'est ce qu'on appelle *faire* ou *mettre une cheville*.

Quelquefois aussi on modifie une petite partie d'un dessin ; on met alors une cheville et. quand sur celle-ci on grave autre chose, on *rhabille* la planche. Ainsi. on a un carré que l'on modifie en le changeant en ovale ou en rond : cela se fait par le *rhabillage*.

Quand pendant l'impression une planche se détériore partiellement et qu'il faut quand même finir l'impression, on remplit les parties manquantes au moyen d'une petite pièce de bois qui a **2** à **3** millimètres de large et qui est plate et arrondie. ayant la forme d'un bec de canard. on prend avec cette pièce de la couleur et on la frotte sur les parties manquantes de l'étoffe. C'est ce qu'on appelle *chipoller*. ou compléter avec la *chipotte*, nom de ce petit outil.

Dans ce qui précède nous avons indiqué la gravure sur bois dans sa plus grande simplicité, mais il y a eu de nombreux perfectionnements et des procédés nouveaux plus ou moins similaires. Nous allons les passer en revue chronologiquement.

Nous avons, dans la description de l'outillage, indiqué l'emploi des picots.

Un fabricant de Chantilly, M. Lefèvre. avait en 1827 imaginé un autre procédé pour faire des planches (voir *Persoz. — Impression des Tissus*. Tome II. pages 249 et suiv.).

Au lieu d'implanter les formes en cuivre dans le bois, il les soudait à l'étain sur une plaque de cuivre. fixée par des vis à une planche en bois ordinaire, qu'on faisait passer sur une meule horizontale pour rendre la surface gravée entièrement plane. Quand un tel dessin avait cessé de plaire ou de travailler, on dessoudait les formes dont on se servait, ainsi que la plaque, pour de nouveaux sujets.

Dès 1828, G. Engelmann (voir *Bulletin de Mulhouse*, tome II, 1829, p. 329) s'était préoccupé de modifier les planches en bois et de faire des planches en alliage fusible. Voici comment il opérait. Il fit graver sur bois une partie d'une planche, en donnant assez de pied à la gravure pour pouvoir la retirer du moule et pour interposer entre elle et le métal un corps qui en facilita la séparation, puis il la peignit avec de la sanguine broyée à l'eau. Il fixa cette partie gravée dans un mouton disposé à cet effet et, en la laissant tomber sur l'alliage fondu au moment où il était sur le point de reprendre la forme solide, il obtint la contre-épreuve de cette gravure. Il s'en servit comme matrice pour les planches à faire. A cet effet, il l'attacha sur un morceau de bois, entouré d'un bord métallique destiné à déterminer en même temps l'épaisseur de la plaque à clicher et de la couper de manière à ce que, placées l'une à côté de l'autre, elles se rapportassent exactement. Il fixa cette matrice ainsi garnie dans le mouton et en tira autant d'épreuves ou clichés qu'il en fallait pour composer une planche. Ces épreuves obtenues, il les plaça, la partie gravée en bas, les unes à côté des autres, sur une surface plane et en les disposant avec la régularité convenable pour la précision de l'impression. Il passa ensuite un fer chaud sur les joints pour souder une pièce à l'autre et en fit ainsi une seule planche qu'il fixa, au moyen de clous en cuivre, sur une planche de bois vernie d'avance pour empêcher l'humidité de pénétrer. Ces planches, d'après Engelmann, offraient l'inconvénient d'être un peu plus lourdes que celles en bois; elles différaient un peu de celles en laiton; toutefois la différence était peu sensible et ne lui parut pas mériter de considération, en comparaison du grand avantage de ne point varier par l'humidité.

Penot, dans son rapport sur ce travail d'Engelmann, fait observer qu'en Angleterre et en France on les employait déjà. Malheureusement elles ne semblaient pas convenir à tous les genres. Très avantageuses pour les petits bouquets, les objets détachés, elles ne se prêtent pas aux grands dessins et ne peuvent être employées que jusqu'à un certain degré de finesse. On ne peut pas y faire de dessins très déliés ou des picotages, parce que ces divers objets, et surtout les pointes auxquelles on est obligé de donner beaucoup de pied, grossissent considérablement lorsqu'on les use (à la pierre ponce) pour rendre la planche parfaitement plane. Engelmann obtenait ses planches par le clichage. En Angleterre, on les coulait, ce qui donnait des résultats plus réguliers (1).

Lors de l'invention de la perrotine en 1834, par Perrot, de Rouen, une nouvelle ère s'ouvrit pour la gravure; la perrotine devant donner des coups de planche couvrant la pièce d'un coup dans toute sa largeur, entraînait à de tels frais de gravure que beaucoup de fabricants renoncèrent à l'employer et, pressés par la nécessité, donnèrent suite à des tentatives faites depuis longtemps pour remplacer la gravure en bois par une gravure en métal dite, *le cliché*.

(1) Nous devons encore mentionner pour mémoire un perfectionnement notable fait dans la gravure des planches en métal fondu et à sujets mobiles. Cette innovation est due à M. Clerc, de Belfort. D'après le rapport de M. L. Schwarz (*Bulletin de Mulhouse*, 1838, pages 78 et suivantes), la gravure ordinaire d'un dessin à sept mains eût coûté 81 francs et eût exigé au moins quinze jours. Un autre dessin à seize mains avec 8.000 picots eût coûté 112 fr. et exigé huit jours, tandis que par le procédé Clerc, le premier eût coûté 38 fr., exigé quatre jours, et le second eût coûté dans des proportions réduites analogues. Malheureusement, il ne reste pas de traces du procédé et nous ignorons actuellement comment M. Clerc opérait.

Un Strasbourgeois, Hoffmann, dont le travail était déposé à la bibliothèque de la ville qui fut incendiée en 1870 lors du bombardement, avait été le premier à comprendre toute l'importance qu'il y avait à relever des empreintes ; mais de même que le plus grand nombre des hommes de génie et sans doute aussi à cause des événements politiques de l'époque à laquelle il vivait, il mourut après avoir épuisé sa fortune dans des recherches et sans avoir retiré aucun fruit de ses efforts et de ses veilles. Ses travaux datent de 1783 et c'est en 1792 qu'il sollicita son premier brevet.

Comme il avait observé la lenteur de tout alliage fusible, surtout de l'étain et du bismuth, à se solidifier lorsqu'il a été liquéfié par la chaleur, il eut l'idée de fondre de cet alliage sur une plaque en fer et d'y appliquer au moment où il allait se solidifier une autre plaque gravée en creux, dans les cavités de laquelle, moyennant une pression convenable, il forçait cet alliage à pénétrer pour reproduire en relief le même sujet. Pour obtenir par le même procédé une gravure en creux, il dessinait son sujet sur une planche en cuivre, avec de l'ocre épaissie à l'argile, puis fondant l'alliage au degré où il est possible d'y plonger une carte sans la jaunir, il y appliquait cette plaque et par la pression reproduisait en creux dans la plaque d'alliage fusible tous les traits dessinés avec l'ocre. Il assure s'être procuré ainsi des plaques métalliques qui lui donnèrent de belles épreuves en taille douce.

Plus tard s'étant convaincu qu'il suffisait d'un petit nombre de formes répétées et différemment combinées pour produire les nombreux dessins adoptés dans l'impression des tissus, il pensa que le nombre de ces formes n'était pas tellement considérable qu'on ne put s'en procurer des collections semblables à celles des caractères d'imprimerie, à l'aide desquelles on fut à même d'imprimer une grande variété de dessins, comme avec les **24** lettres de l'alphabet on imprime tous les mots. Il se procura donc des formes primitives en cuivre et en bois, puis formant une pâte terreuse, d'un mélange d'argile et de plâtre, ramollie par un peu de gélatine, de fécule et de sirop de gomme, il l'étendait en lame sur une plaque de fonte, y imprimait le dessin voulu au moyen de ses formes primitives ou secondaires et obtenait de la sorte une matrice gravée en creux dans laquelle il coulait, lorsqu'il était bien sec, son alliage de bismuth, d'étain et de plomb. Il parvint ainsi à graver des dessins pour mouchoirs qui pouvaient s'imprimer d'un seul coup.

Ces résultats étaient assurément décisifs, et cependant on est resté longtemps sans en faire aucune application en grand. Ce sont les Anglais qui ont été les premiers à en tirer parti.

En 1827, M. Fries, de Guebwiller, rapporta de la maison Dufay, de Dublin, des cachets en alliage fusible; mais, soit que le procédé n'ait pas été bien connu, soit pour d'autres raisons, ce n'est que vers 1840 que l'on s'en est procuré et qu'on a porté la gravure en relief métallique à la perfection à laquelle elle est parvenue. Les moyens employés pour ce genre sont de deux espèces, le *cliché en plâtre* et le *cliché en bois*.

Cliché en plâtre. — La fabrication de ces clichés se divise en trois parties distinctes :

1° La gravure proprement dite du cachet qui est toujours en relief;

2° Le moulage en plâtre qui a pour but de reproduire en creux le sujet de cette gravure;

3° Le clichage proprement dit ou la reproduction en relief sur une planche métallique de ce même sujet.

1° *Gravure du cachet.* — La gravure de ce cachet se fait exactement comme si l'on gravait une petite planche en relief; la planche une fois gravée, il faut lui faire subir une préparation avant d'y couler le plâtre pour qu'elle ne se voile pas et que le plâtre n'y reste pas adhérent. On fait fondre à une température assez élevée, deux parties d'huile et une partie de suif, on imprègne d'abord de ce mélange au moyen d'un pinceau la surface de la gravure en ayant soin de bien imbiber les plus petites cavités. Après cette opération, on couvre toute la planche d'une couche bien chaude de ce corps gras qu'on y laisse séjourner pendant environ une demi heure pour qu'il en pénètre toutes les fibres. Puis, pour enlever la graisse qui n'a point été absorbée, on promène sur la gravure un pinceau en poil de chèvre légèrement chauffé, puis on coule doucement et sans interruption une eau faiblement ammoniacale. puis de l'eau pure pour faire disparaître les traces d'alcali qui attaqueraient le corps gras. Il importe dans ces traitements de ne donner aucun accès à l'air dans les pores du bois, pour prévenir les défauts qui en résulteraient dans le cliché. Si malgré toutes ces précautions, on n'a pas atteint ce but, il vaut mieux recommencer l'opération.

2° *Moulage en plâtre*. — Le cachet gravé et huilé est alors enchâssé dans un cadre en bois qui l'entoure et dont les côtés débordent la gravure d'environ 2 centimètres. On remplit d'eau cette gravure en s'assurant qu'il n'y reste pas trop d'air et l'on gâche du plâtre de statuaire, ni trop épais ni trop clair, qu'on coule par dessus, le plâtre par sa pesanteur spécifique tombe naturellement dans toutes les cavités de la gravure ; mais afin qu'il les remplisse exactement et déplace ainsi tout l'air et toute l'eau qui pourraient donner lieu à des boursoufflures, il faut avant qu'il soit bien pris, donner au cachet quelques légers coups de marteau.

Lorsque le plâtre n'a pas été gâché trop clair, vingt minutes suflisent pour qu'il soit pris et refroidi. On le sépare aussitôt du bois avec une lame mince, à l'aide de laquelle on produit aux quatre coins du cachet, un effort suffisant pour détacher la matrice sans la briser ; celle-ci retirée, on en moule une seconde, puis une troisième et ainsi de suite jusqu'à ce qu'on ait le nombre de moules dont on a besoin pour couler les cachets en alliage fusible. Quand l'opération du moulage est achevée, on place les matrices, par quatre, par six, dans des cadres ou espèces de lingotières en fer, en réservant à la partie supérieure, l'espace nécessaire pour que le métal puisse les recouvrir d'une couche de quelques millimètres d'épaisseur qui fera corps avec la gravure. Ces cadres sont alors exposés à l'étuve jusqu'à ce que le plâtre soit entièrement desséché (il faut trois heures au plus) et que l'alliage qu'on y coulera puisse être mis en contact avec lui sans en vaporiser l'eau de constitution ; le degré de dessiccation du plâtre doit être d'autant plus élevé et plus parfait qu'on est dans le cas d'y couler un alliage plus chaud. Ces moules bien desséchés et encore chauds, on procède au clichage.

Clichage. — Il va de soi que tout d'abord on s'est préoccupé de l'alliage que l'on doit employer, celui-ci variant suivant la dureté à donner, la fusibilité qu'il doit avoir pour être coulé, la résistance aux couleurs et le prix. Cette composition arrêtée (nous donnons plus loin une série d'alliages sur lesquels on peut se guider dans le choix à faire), on place les métaux dans un creuset de Hesse, de plombagine ou même de fonte de fer, on les chauffe au rouge pour bien les allier, en y ajoutant un peu de suif, pour réduire les oxydes qui pourraient s'être formés durant la fusion, et dont le mélange donnerait de l'épaisseur à l'alliage et occasionnerait des crevasses dans la gravure. L'alliage bien brassé est coulé pur et chaud dans une lingotière, d'où on le retire pour le fondre de nouveau dans une grande cuiller en fer munie d'un bec. Quand il est arrivé au degré de chaleur voulu pour pénétrer facilement dans les creux de la gravure sans opérer la décomposition du plâtre, on le coule sous forme de jet continu et sans interruption, pour prévenir l'action de l'air et son influence oxydante, dans les cadres qui contiennent les matrices en plâtre.

Lorsque le métal, coulé dans les matrices est refroidi, on sort les plaques des cadres, et on les sépare les unes des autres au moyen d'un trait de scie qu'on a soin de donner, de manière à ne les voiler que le moins possible et à prévenir ainsi les difficultés qu'il y a toujours à les redresser. Dès qu'elles sont séparées, on enlève le plâtre qui est resté dans la gravure ; on en fait disparaître les traces par des lavages à la brosse et il ne reste plus qu'à planer et ajuster les cachets pour en faire des planches propres à l'impression.

Pour peu qu'on réfléchisse aux opérations par lesquelles on arrive à transformer une gravure en bois en une pièce semblable, on se convainc sans peine que, dans le cachet en métal, une seule des surfaces, celle qui est gravée peut être plane à moins qu'elle n'ait été voilée à sa sortie des moules. Quant à la surface opposée, comme son épaisseur varie suivant le retrait qu'a éprouvé le métal en passant de l'état liquide à l'état solide, selon la dilatation qu'a subie la lingotière et le degré de température auquel l'alliage a été coulé, il convient de la planer aussi et de la ramener à la dimension nécessaire pour que tous les cachets, fixés sur une planche en bois, présentent une surface uniforme.

Si, en vérifiant à l'aide d'une règle la surface gravée du cachet, on y découvre des inégalités, après l'avoir renversée sur une autre surface bien unie, on donne avec précaution, et employant un tampon, quelques coups de marteau sur le dos, et particulièrement sur les points où l'on remarque de la convexité ; et si l'opération du tamponnage a été bien faite, il ne reste plus qu'à planer la surface opposée : à cet effet, on dispose tous les cachets en deux rangées sur la machine à planer, en coulant sur les côtés, pour les consolider, un mastic formé de trois parties de colophane et une partie de cire jaune. La quantité de ces deux substances variera suivant que le mastic aura été fondu un plus grand nombre de fois et qu'il sera devenu plus sec, suivant la température à laquelle on opère ; mais toujours devra-t-il satisfaire aux conditions suivantes : être assez tenace pour rendre les cachets adhérents à la machine à planer, et cependant assez dur pour se réduire en poudre sous la lame tranchante, afin de ne point s'opposer à son action en l'engorgeant.

Quand les cachets ont été bien consolidés et que le mastic est bien sec, on met en mouvement un premier outil dégrossisseur appelé *varlope* ou *guimbarde*, en ayant soin de ne pas produire d'effets trop brusques pour ne pas ébranler les plaques et les disloquer. On réduit ensuite les cachets au degré d'épaisseur convenable à l'aide du *rabot à planer*, puis on les fixe, au moyen de vis ou de clous, sur des planches en noyer dont la surface doit être aussi bien plane. Si l'épaisseur des planches est peu importante pour les impressions à la main, il n'en est pas de même pour celles qui se font pour la perrotine, car dans ce cas, l'épaisseur de ces planches, étant déterminée par l'espace qui leur est réservé dans la machine, doit être réglée d'après celle du cachet.

Pour arriver à avoir des alliages convenables, M. J. Schlumberger jeune, de Thann, a fait en 1835-1838, des essais d'alliage pour le stéréotypage en plâtre et voici le résultat de ses essais. Sur une dizaine d'alliages dont nous donnons le tableau ci-après, il a trouvé, en faisant faire des cachets de ces divers alliages et en les

Numéros	Plomb parties en poids	Etain parties en poids	Bismuth parties en poids	Antimoine parties en poids	Observations	Prix du kilog. d'alliage en 1910
1	—	9,5	0,5	—	Dur et sonore.	3.68
2	32	30	8		Fusible à 156° C., impur, tendre, très malléable.	4.91
3	22	24	8	—	Fusible à 146° C., plus dur que le n° 2.	4.90
4	–	8	2	—	Assez fusible, très cassant et très dur.	3.23
5	16	24	8	—	Fusible à 150° C., très dur et très malléable.	2.25
6	–	9,5	--	0,5	Assez dur, très malléable.	3.37
7	10	40	--	1	Très dur, très malléable, excellent, mais moins fusible.	2.76
8	—	38	1	1	Très dur, très malléable.	3.30
9	5	3	8	—	Très fusible, très bon.	2.00
10	400	1	..	80	Moins cassant que les caractères d'imprimerie.	0.54

Aux cours actuels, les divers métaux ci-dessus employés valent le kilogramme : Antimoine, 78 fr. 50 ; Plomb, 37 fr. 50 ; Etain, 341 fr. 50 ; Bismuth, 250 francs, et c'est sur ces bases que sont calculés les alliages ci-dessus qui coûtent beaucoup moins cher qu'à l'époque où ces essais ont été faits.

mettant tous sur une même planche qu'il a imprimée avec une couleur des plus corrosives à l'époque, le noir d'application sur laine), que les alliages de plomb, de bismuth et d'étain se sont le mieux comportés ; celui qui a offert le plus de résistance est le n° 9 mais son prix est très élevé, celui à préférer est le n° 5 qui est bien moins cher et satisfait à tous les besoins de l'impression à la planche.

Bien que ce procédé de clichage offrit sur la gravure sur bois d'énormes avantages, il n'était pas sans inconvénients ; il exigeait, en effet, des dépenses de gravure assez fortes, il ne se prêtait que difficilement à l'exécution des dessins délicats, surtout quand la gravure demandait un certain pied, car, on comprend la difficulté, d'une part, de faire pénétrer le plâtre à une certaine profondeur dans le bois, d'une autre de l'en retirer une fois qu'il est pris sans l'endommager ; de plus, la consommation de plâtre et de combustible nécessaire devenait d'autant plus coûteuse qu'il fallait autant de matrices qu'on voulait produire de cachets métalliques.

Après des tentatives isolées et infructueuses, des fabricants, dont le nom nous échappe malheureusement, ont trouvé le moyen d'obtenir les gravures les plus délicates avec toute l'économie désirable en perfectionnant un joujou. Les enfants creusent souvent dans le bois, soit avec des outils tranchants, soit avec des pointes de fer chauffées, divers dessins dans les cavités desquels ils font ensuite couler du plomb fondu qui en affecte la forme ; c'est de ce procédé qu'on fait usage aujourd'hui. On coupe, d'une certaine épaisseur et perpendiculairement à l'axe, un bois très tendre, du tilleul, par exemple, on le dessèche fortement jusqu'à ce qu'il commence à roussir, tant pour lui faire perdre la majeure partie de ses propriétés hygroscopiques que pour le rendre encore plus tendre, en sorte qu'il suffit du plus petit effort pour y faire pénétrer une lame ou une pointe métallique.

Ensuite, pour empêcher ces blocs de se déformer, et pour que le dessin qu'on y grave n'éprouve aucune modification dans ses dimensions, on les perce sur un ou deux points de part et d'autre, mais toujours perpendiculairement à l'axe, avec une tarière et l'on remplit ces trous d'un alliage qui, faisant office de clous, fixe toutes les parties du bois et en prévient le mouvement. Après avoir implanté sur ces blocs, à une certaine profondeur, des lames ou pointes de cuivre jaune représentant le sujet à graver, on les entoure d'un cercle et l'on recouvre les parties en relief d'alliage. Ce métal, en s'alliant aux pointes de cuivre qui sont en saillie, leur transmet assez de chaleur pour que la partie qui est implantée dans le bois le carbonise ; il suffit alors de retirer la lame métallique à laquelle se trouvent soudées toutes ces pointes, pour avoir une matrice au moyen de laquelle on coule autant de cachets qu'on peut en désirer.

Pour ce procédé, très employé dans les années 1830-1850, les frais de gravure étaient considérablement réduits.

Il a même encore été modifié ainsi qu'on peut le voir par les détails ci-joints dus à M. E. Witz de Cernay et publiés par Persory, tome II, p. 257.

Dans ce procédé de clichage, l'attention doit se porter sur trois points principaux : 1° *la nature et la préparation du bois nécessaire* ; 2° *la gravure de ce bois* ; 3° enfin *le clichage*.

La préparation du bois et sa nature. — Le bois de tilleul est celui qu'on emploie ; mais comme il importe au succès de l'opération qu'il soit bien sec, on choisit des troncs bien sains, on les débite d'abord en billes de 0 m. 80 à 1 mètre de longueur, on les écorce et on les expose sous un hangard au grand air. Un an ou 18 mois après, on scie ces billes en tranches de 1 décimètre d'épaisseur, que l'on fend par le milieu afin d'empêcher le bois de travailler, si elles sont assez larges pour donner deux cachets et qu'on laisse pendant un temps plus ou moins long, suivant le degré de siccité du bois, soit dans un séchoir d'impression au rouleau, soit dans tout autre endroit bien chaud. On rabote alors ce bois de *pointe* ou perpendiculairement à ses fibres, et quelquefois, pour être plus sûr qu'il ne se tourmentera pas, on y coule de l'alliage dans des trous que l'on a soin de percer sur les côtés, mais qui ne sont pas représentés sur la figure 18.

Gravure du bois. — Ces tranches ainsi préparées, on y exécute — en fils et lamelles de laiton bien poli dont tous les morceaux ont la même longueur (environ 1 centimètre) et doivent être enfoncés à la même profondeur, ordinairement 3 millimètres) — le dessin préalablement établi (fig. 19) : on imbibe la surface du cachet ainsi

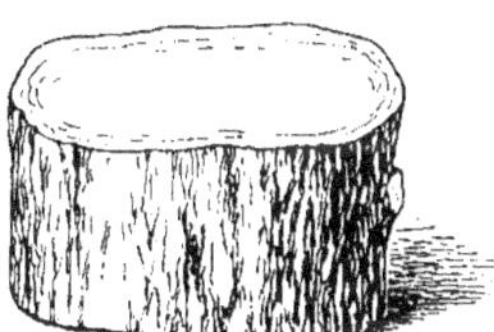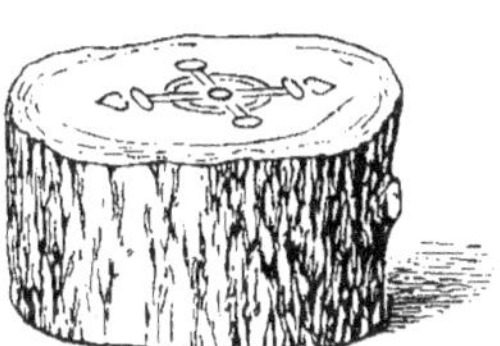

Fig. 18Fig. 19

gravé d'une eau acidulée de deux parties d'acide nitrique et d'une d'eau, on refait sécher au grand air, non au soleil ; puis après l'avoir mis en contact avec un alliage froid, préalablement fondu et étendu sur une plaque en fonte, on expose celle-ci à l'action du feu ; l'alliage, en se fondant, donne au laiton la chaleur nécessaire pour calciner le bois dans lequel il est implanté et qui se trouve ainsi gravé ; il convient de retirer le cachet de l'alliage, dès qu'une feuille de papier blanc qu'on y a plongée en même temps, commence à se noircir. Quand il est refroidi, quelques coups de marteau, appliqués au côté du cachet opposé à la gravure, suffisent pour en détacher le laiton ; s'il en était autrement, on replongerait le cachet dans l'alliage et on recommencerait l'opération jusqu'à ce que l'on eut obtenu ce résultat.

Quand tout le laiton est tombé, on vérifie, à l'aide de compas, la dimension du bois ; s'il s'est resserré, on l'expose au grand air, mais dans un endroit qui ne soit pas trop humide ; s'il s'est dilaté, au contraire, on le chauffe. Lorsqu'il a été ramené au rapport voulu, pour l'empêcher de se fendre au contact du métal chaud, on en imbibe d'un peu de suif, en ayant soin de ne pas boucher les empreintes du laiton, la partie gravée, qu'on doit en même temps

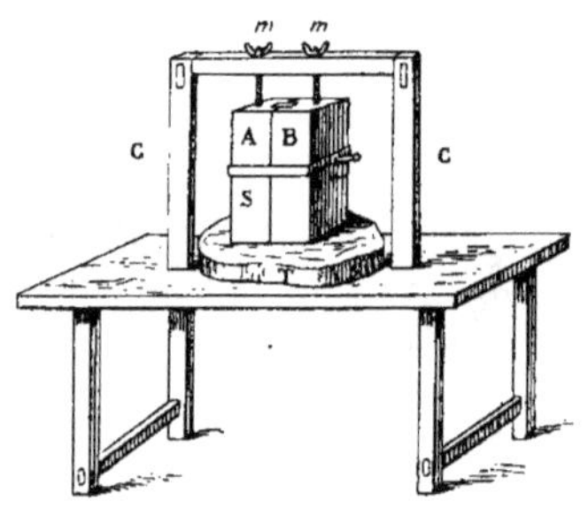

Fig 50.

entourer d'un carton dont l'épaisseur varie avec celle que l'on veut donner à la plaque du cachet en métal, et qui, après l'opération, doit être découpé de telle manière qu'on ne soit point obligé de rogner ce cachet pour l'assujettir sur la planche d'impression.

Clichage. — On surmonte alors le cachet T (fig. 50) d'un entonnoir en bois formé de deux parties A.B que l'on resserre l'une contre l'autre au moyen d'un étau S ; on pose le tout sous un bâti en bois CC où se trouvent deux vis *m.m.* à l'aide desquelles on peut presser à volonté l'entonnoir sur le carton découpé qui borde le cachet, puis on verse dans cet entonnoir un mélange composé de :

1 p. bismuth,

3 p. plomb,

2 p. étain,

et chauffé à jaunir un papier blanc qu'on y plongerait. Cinq minutes après, cet alliage refroidi, on retire le cachet et l'entonnoir, on sépare le cliché du cachet par quelques coups de marteau appliqués à la partie de ce dernier qui dépasse l'entonnoir ; on ouvre celui-ci en desserrant l'étau, et à l'aide d'une scie en acier, on retranche du cliché toute la partie inutile de l'alliage qui s'y trouve adhérente et qui a pris la forme de l'entonnoir qui la renfermait.

Quand on a un nombre suffisant de ces clichés, on les cloue sur une planche à laquelle on a donné la forme que demande l'impression à la planche ou à la perrotine ; puis, remplissant la gravure de poussière de pierre ponce, on la polit au moyen d'une grande pierre de même espèce. S'il y avait des bavures, on les enlève au moyen de pointes de gravure (voir fig. 27, page 64 ; on fait aussi comme suit : on coule de la colophane dans la gravure afin de donner à celle-ci assez de solidité pour être *dressée* au rabot ; lorsque la planche est bien plane, on enlève la résine en plongeant la planche dans de l'essence de térébenthine.

L'entonnoir en bois dont on se sert pour ce clichage étant d'une forme particulière, en voici la description : on prend un bloc de bois carré long, on le scie en deux moitiés (A et B fig. 51), on rabote avec grand soin la partie sciée pour que les deux parties serrées ensuite ensemble joignent parfaitement. On perce ensuite dans les quatre coins de chacune de ses faces quatre trous, et dans les quatre trous de l'une, on enfonce à moitié quatre clous en fer ou en cuivre, qui doivent entrer dans les quatre trous de l'autre, quand on les juxtapose, et les empêcher toutes deux de se déranger. On creuse alors, dans les deux faces, la section d'un petit canal destiné à conduire le métal qu'on verse dans l'entonnoir E, jusqu'au cachet sur lequel il est posé et où il arrive par une foule de petits canaux horizontaux creusés à la base comme cela est représenté par le plan A B, fig. 53. Il est important que ces conduits soient parfaitement symétriques sur les deux faces. Supposons maintenant les deux parties A et B rapprochées et fixées par un *cadre*, on verse l'alliage dans l'entonnoir. Cet alliage descend par le conduit vertical, arrive à la partie

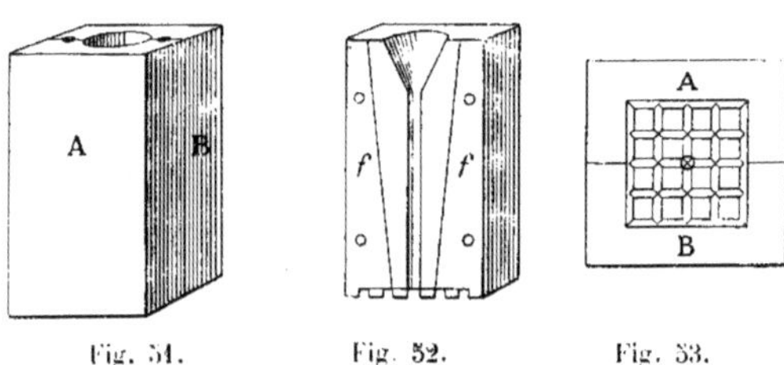

Fig. 51.   Fig. 52.   Fig. 53.

inférieure, puis, entrant dans les canaux horizontaux, se rend sur la surface gravée du cachet en bois par ces petits canaux. Les petits conduits *f f* sont établis pour donner une issue à l'air qui se trouvant dans l'entonnoir ou sur la face du cachet au moment où l'on verse l'alliage, gènerait le mouvement de celui-ci et s'opposerait à ce qu'il entrât dans toutes les cavités de la gravure.

XYLOGRAPHIE

Le mode de gravure par les clichés en métal qui constituait déjà un grand perfectionnement sur les clichés au plâtre a été encore perfectionné et a été remplacé depuis par la xylographie.

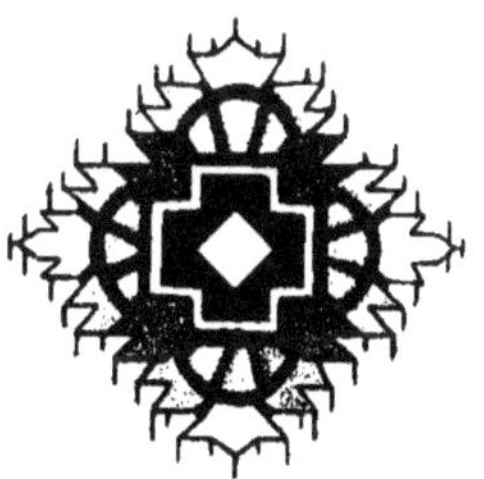

Fig. 54. Dessin à graver.

(1) Le dessin que nous reproduisons ici, a été composé de façon à donner la clef de diverses fabrications anciennes. Il représente un dessin à six couleurs : *noir, rouge, rose, jaune, vert, bleu.* Ce motif, avec les procédés actuels, se ferait directement au rouleau et en une fois. Ce n'était pas le cas, vers 1850 1860. Il y avait divers modes de le produire :

1º Tout à la main, avec six planches diverses et en opérations nombreuses;

2º Au rouleau en trois couleurs bon teint, avec trois rentrures vapeur;

3º A la perrotine, en trois couleurs bon teint et trois rentrures vapeur;

4º Et enfin au rouleau ou à la perrotine, en trois couleurs bon teint et *une* impression au compartiment imprimant en une seule et même fois le jaune, le bleu, le vert.

C'est précisément pour bien expliquer le mécanisme de l'impression au compartiment que nous avons choisi ce dessin.

Cette méthode qui donne des résultats absolument supérieurs, n'est appliquée que pour les dessins fins, les rentrures délicates, compliquées. Quand il s'agit de rentrures très simples, peu façonnées et de dimensions restreintes comme par exemple, les couleurs jaune ou bleu du dessin fig. 54), la gravure ordinaire sur bois sera toujours préférée à cause de son bon marché et parce qu'elle sera plus que suffisante.

Voici les diverses opérations qu'exige ce procédé :

Le dessin à reproduire (dans le cas actuel, c'est le noir à faire). (fig. 54) convenablement calqué sur papier végétal, est transporté par le metteur sur bois, sur un bloc au moyen d'une pointe. Les traits à graver sont colorés en rouge pour être rendus plus visibles. Pour bien réussir, le graveur a soin de ne choisir que de l'excellent bois, soit de tilleul, soit de noyer bien sec et bien sain. Le bloc débité perpendiculairement à son axe est toujours scié dans le sens de la fibre. La section transversale obtenue bien aplanie, le metteur procède au transport du dessin. Celui-ci calqué, le bloc est muni à sa base de quatre vis disposées de façon à ce que la surface supérieure soit exactement parallèle à un plan correspondant au point d'appui des quatre vis (voir fig. 49, page 90). Cet agencement est destiné à faciliter le mouvement du bloc à graver sur la table de la machine à brûler, dont nous allons parler.

La machine à brûler se compose d'un support sur lequel est fixée une tige mobile garnie dans le bas d'une petite lame métallique. Au moyen d'une pédale, l'ouvrier brûleur peut faire monter et descendre cette lame préalablement chauffée au rouge par un jet de gaz enflammé, elle peut être réglée de façon à n'aller qu'à une profondeur bien déterminée. L'ouvrier brûleur chauffe sa lame puis, en pressant la pédale, la fait pénétrer dans le bois et suivre les traces du dessin. Il forme ainsi une suite de creux dont l'ensemble reproduit le dessin. Il implante ensuite dans le bloc, autour du dessin et suivant une dimension déterminée une feuille de carton faisant saillie. Celle-ci sert à retenir l'excédent d'alliage que l'on va verser

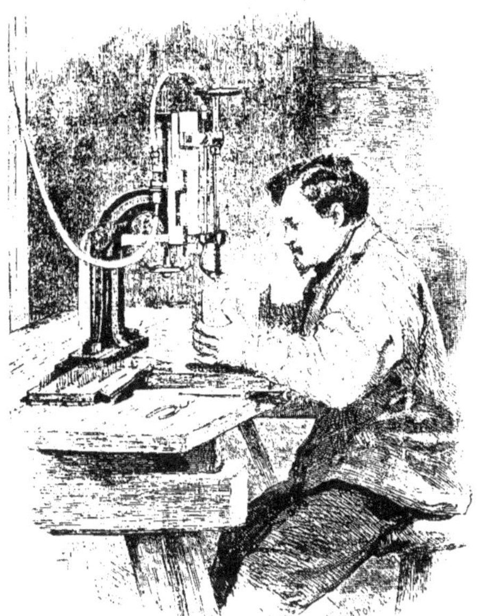

Fig. 55. — Machine à brûler.

sur le bloc. A une hauteur déterminée et variant de deux à quatre millimètres, on pose à plat, sur le bloc, une plaque d'acier bien poli et graissé, puis on procède à la fonte du cliché. On introduit l'alliage bien liquide par un petit orifice ménagé sur le côté du carton, l'alliage remplit tous les intervalles et vient adhérer à la plaque d'acier. L'alliage refroidi, la plaque est enlevée et amène avec elle un lingot façonné reproduisant le dessin, autrement dit, le cliché. On sépare ce dernier de la plaque au moyen d'une râcle que l'on fait passer entre les deux métaux. Quand on a un nombre suffisant de clichés, on les cloue sur une planche à laquelle on a donné la forme que demande, soit la main, soit la perrotine. On remplit la gravure

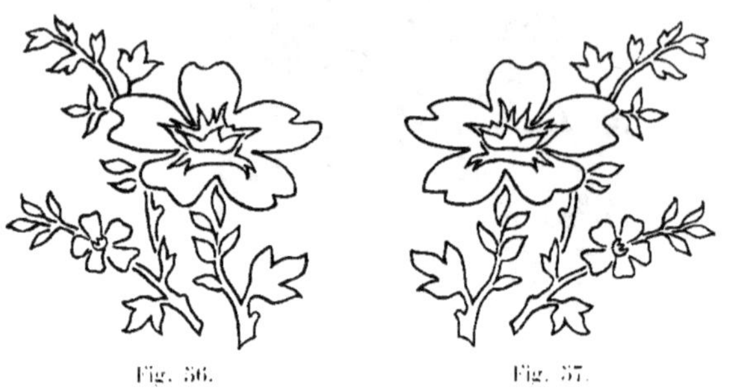

Fig. 56.   Fig. 57.

de poussière de pierre ponce et l'on polit avec une pierre de même espèce. Si les clichés présentent un peu de bavures on les enlève au moyen de la pointe de graveur. Quand le dessin est très délicat on coule de la colophane dans le cliché puis. celle-ci refroidie, on dresse la gravure au rabot; la planche aplanie, on enlève la colophane au moyen de l'essence de térébenthine.

En mettant deux jets de gaz et deux lames métalliques opposées, on est parvenu à graver en même temps deux objets, mais symétriques, tout en n'ayant dessiné qu'un côté du bloc; l'une des lames brûle le dessus, l'autre le dessous; de cette façon, le dessin est reproduit symétriquement (fig. 56 et 57).

Voici la composition de divers alliages usités pour les clichés :

	D'après	Bismuth	Plomb	Étain	Antimoine
Cliché de gravure sur bois. fusible à 92°	Girardin.	5	3	1	—
Cliché pour perrotine. fusible à 122°	Homberg.	1	1	1	—
Cliché pour perrotine. fusible	—	10^5	33^5	48	9
Cliché pour main et perrotine	J. Schlumberger.	—	10	40	1
Cliché fusible à 150°. . .	—	8	16	24	—
Cliché tres fusible, très bon. mais relativement plus cher.	Persoz.	8	5	3	—
Cliché pour planche . .	Puteaux	—	1	1	0,1

Outre les métaux ci-dessus dénommés, on a encore employé le cadmium pour remplacer le bismuth. Cette innovation est due à M. Ed. Hofer de la maison Hofer-Grosjean et fut faite en 1862 (voir *Bulletin de la Soc. Ind. de Mulhouse*, 1867, page 335).

IMPRESSION SIMULTANÉE EN PLUSIEURS COULEURS
IMPRESSION AVEC COMPARTIMENTS

Pour mettre la couleur sur un tissu on ne peut directement poser la planche avec la couleur sur l'étoffe ; on est obligé d'employer un appareil qui sert d'intermédiaire et auquel on donne le nom de *châssis*. Ceux dont on se sert généralement, pour l'impression à la main, sont formés de caisses composées de cinq planches, dont quatre pour les côtés et une pour le fond. La hauteur des châssis ordinaires est d'environ 15 centimètres. Les dimensions des côtés varient suivant les planches à imprimer.

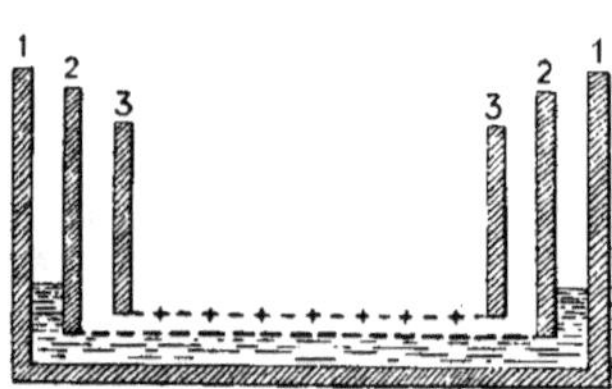

Fig. 58.

La première caisse 1 est remplie à moitié d'une solution de gomme ou d'ancienne couleur qu'on appelle *fausse couleur*. Dans cette première caisse et sur la fausse couleur vient s'adapter, avec un peu de jeu, un second cadre, 2, dont le fond est fait de toile cirée — — — — pour empêcher la fausse couleur de traverser. Sur ce second cadre s'en place un troisième, 3, dont le fond est garni d'un drap de laine très fin — + — + —, très tendu et tout à fait ras. L'ensemble constitue le châssis. Le *tireur*, ou l'ouvrier chargé de s'occuper du châssis, met de la couleur sur le drap, l'étend uniformément avec une longue brosse plate formée de soies de porc et la brosse dans tous les sens pour obtenir une couche aussi égale que possible. Quand le tireur met trop de couleur, on obtient une impression trop fournie ou *grasse* et, dans le cas contraire, une impression *maigre*. L'imprimeur pose alors sa planche sur le drap, prend une certaine quantité de couleur et l'applique ensuite sur le tissu (1).

En Angleterre, on emploie des fonds de vieux tonneaux et les châssis intermédiaires sont faits de vieux cerceaux sur lesquels on tend la toile cirée et le drap.

Le châssis que nous venons de décrire ne sert que dans les cas ordinaires. Quand une couleur est sujette à s'altérer au contact de l'air, on modifie le châssis de la façon suivante : au lieu de mettre de la fausse couleur, on emploie un châssis dans lequel la couleur à imprimer remplit elle-même le rôle de fausse couleur. Cette dernière traverse le drap et ne s'altère que peu, puisque le reste de la couleur n'est pas en contact avec l'air. La disposition employée est représentée figure 59.

A est une cuve dans laquelle on met la couleur. Au bas de la cuve est un robinet R permettant l'écoulement de cette couleur dans le châssis C. Par suite de la différence de niveau, la couleur du réser-

(1) Pour éviter l'emploi du tireur, il avait été imaginé un tireur mécanique. C'étaient MM. Dupasquier-Boulet et Wilz-Kœnig de Cernay qui, de concert, avaient combiné ce système. Il se composait d'une pédale faisant fonctionner une racle qui, dans un mouvement de va-et-vient, égalisait la couleur sur le châssis ; la brosse était superflue. L'imprimeur mettait la couleur sur le châssis et la racle l'égalisait (voir *Bulletin de Mulhouse*, 1843, page 583). Malgré l'avantage que paraissait avoir ce système il n'eut qu'une durée éphémère (voir Persoz, *Traité de l'impression des tissus*, tome II de la page 316).

voir A tend à traverser la couche D qui est formée par le drap de châssis et où l'imprimeur vient alimenter la planche.

Quand la couleur exige une température supérieure à celle de l'air ambiant, on dispose les châssis de façon à ce que la fausse couleur ait une température voulue, soit par l'introduction d'un tube chauffé à la vapeur, soit par une caisse à double fond contenant de l'eau chaude. Ce cas arrive du reste très rarement dans l'impression à la main et le châssis à double fond n'est employé que pour l'impression au rouleau.

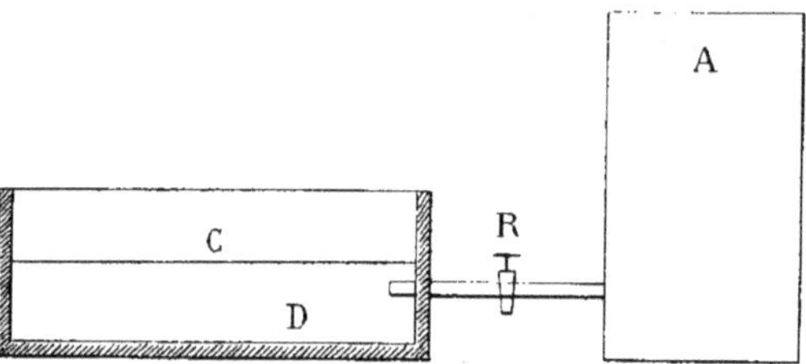

Fig. 59. — Châssis pour couleur facilement oxydable.

Les diverses sortes de châssis que nous venons d'indiquer ne permettent l'application que d'une seule couleur à la fois. Quand il s'agit d'imprimer en même temps plusieurs couleurs. on a recours au *châssis à compartiments*. Il faut ajouter que tous les genres ne peuvent s'exécuter par ce moyen et que le dessinateur doit grouper ses couleurs sur le dessin d'une façon telle qu'elles ne se touchent pas, ou que du moins celles qui doivent être imprimées ensemble ne se touchent pas.

Le dessin que nous avons reproduit figure 54 nous montre un type de ce genre. La figure représente donc ce dessin en entier. La figure 60 représente les parties à imprimer par la perrotine ou le rouleau et. enfin, la figure 61 montre les trois couleurs qui seront imprimées en une seule fois par une seule planche. Nous voyons qu'il y a entre chaque couleur un certain écartement. Celui-ci est

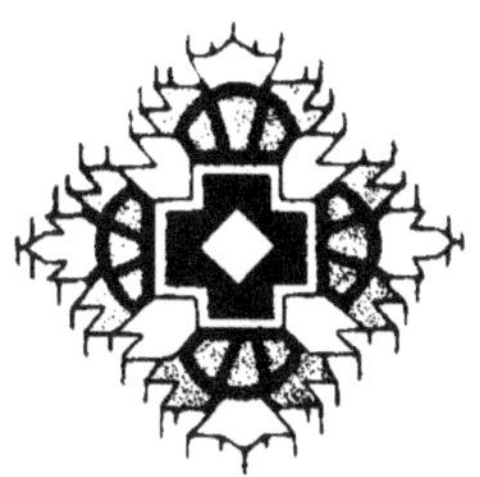

Fig. 60. — Couleurs à faire à la perrotine ou au rouleau.

calculé de façon à ce que, pendant que l'on met la couleur sur chaque châssis (spécial à chaque couleur), il n'y ait pas de mélange

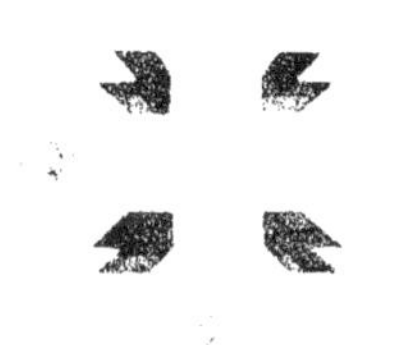

Fig. 61. — Couleurs à rentrer en une fois au compartiment

possible — sans cela, il va de soi que les couleurs se nuiraient l'une l'autre. — Les écartements que nous indiquons ici sont les plus

rapprochés possible en pratique. Quand on veut mettre deux couleurs plus près, l'impression ne peut plus se faire quels que soient

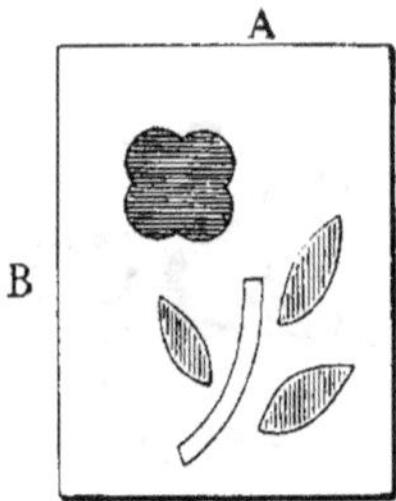

Fig. 62. — Dessin à imprimer en une fois, au compartiment.

l'habileté de l'imprimeur et les soins avec lesquels la gravure a été
faite.

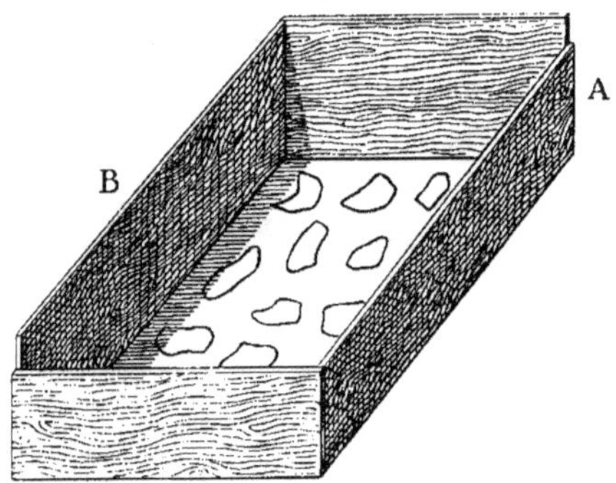

Fig. 63. — Châssis-mère pour impression au compartiment.

Admettons maintenant un dessin composé d'une rose détachée sur
un fond de couleur préalablement imprimé au rouleau (fig. 62). Les
rentrures de la rose comportent du rose clair dans la fleur, du vert

dans le feuillage et du cachou dans la tige. Voici comment on applique les trois couleurs simultanément.

Sur le fond du châssis (fig. 63) qui, cette fois, au lieu d'être en drap de laine sera en drap de caoutchouc, on adaptera, au moyen de gomme laque, à l'endroit préalablement désigné pour chaque couleur, des morceaux de draps de châssis découpés suivant la forme affectée par les rentrures. Ces morceaux ne doivent absolument pas se toucher, car aussitôt qu'il y a contact les couleurs se mélangent. Ce premier arrangement donne le *châssis-mère*.

A côté de celui-ci se trouvent autant de petits châssis qu'il y a de couleurs, soit trois dans le cas qui nous occupe, rose, cachou,

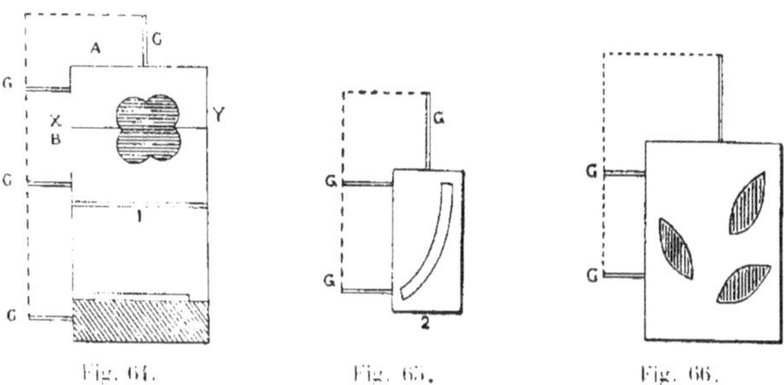

Fig. 64.   Fig. 65.   Fig. 66.

vert (fig. 64, 65, 66). Au moyen de petites planches spéciales appelées *fausses planches*, lesquelles ont des reliefs cadrant exactement avec le châssis-mère, on prend la couleur dans chaque petit châssis pour la porter sur le relief du châssis-mère. Le tireur a donc ces trois couleurs à porter l'une après l'autre des petits châssis spéciaux sur le châssis-mère. Alors seulement vient l'imprimeur qui, avec la *vraie planche* que nous n'avons pas figurée ici, relève d'un seul coup les trois couleurs et les applique sur l'étoffe.

Pour que le tireur ne puisse se tromper, les fausses planches sont munies de guides en bois. indiqués en G, qui les forcent à venir invariablement se placer au même endroit. Il va de soi que le tireur doit toujours placer les mêmes côtés des fausses planches contre le même côté du châssis-mère. Les divers croquis 64, 65, 66 indiquent suffisamment l'arrangement de ce mode de châssis qui a été très employé en Alsace.

D'autres systèmes de compartiments. dûs à M. Godefroy et à d'autres industriels. ont été employés ; mais, c'est celui ci-dessus indiqué qui a été le plus usité pendant les années 1850 à 1868 environ.

(Pour les divers modes dûs à M. Godefroy et aux Anglais, voir *Soc. Ind. de Mulhouse*, tome XI. et Persoz. t. II, page 315).

Lorsqu'il s'agit de faire des fondus, c'est-à-dire des dessins dans lesquels le point d'arrêt d'une couleur n'est pas déterminé. mais où, au contraire, il y a transition d'une nuance ou d'un ton à un autre sans solution de continuité. on emploie des appareils spéciaux tant pour l'impression à la main que pour les impressions mécaniques.

Dans les impressions par machines. telles que l'impression au rouleau, à la perrotine. à la planche plate, les châssis sont construits d'une façon toute particulière. Le châssis pour l'impression au rouleau se compose d'une bassine. généralement en cuivre, dans laquelle se place un rouleau de bois garni de caoutchouc que l'on appelle *fournisseur*. Ce rouleau tourne, soit dans le sens du rouleau d'impression, soit en sens inverse. Les avis des praticiens sont partagés à ce sujet, et les épaississants font quelquefois adopter ou rejeter l'un ou l'autre des systèmes.

Quand on imprime des couleurs plastiques très denses. on remplace le fournisseur de la bassine par une brosse. qui nettoie le rouleau imprimeur en même temps qu'elle mélange la couleur et empêche le dépôt des matières denses.

Châssis de perrotine. — Le châssis ordinaire de la perrotine est d'une construction très simple. Il se compose d'une planche de la largeur de la perrotine, soit d'environ 1 mètre de long sur 12 à 15 centimètres de large, garnie de drap de châssis. Au moyen d'un

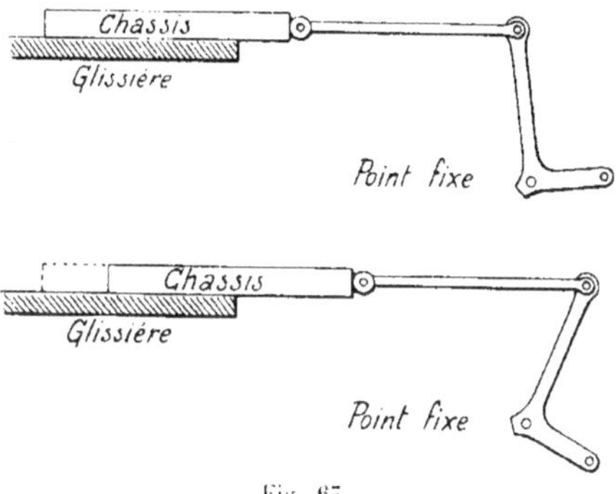

Fig. 67.

levier adapté à la machine, le châssis fait un mouvement de va-et-vient. Au moment de la sortie, il passe sur deux rouleaux fournissant la couleur ; dans le moment de la rentrée, il passe encore une fois sur les fournisseurs, puis il subit un temps d'arrêt pendant lequel la planche à imprimer vient prendre la couleur (fig. 67).

Quand il s'agit d'imprimer à plusieurs couleurs le châssis est disposé d'une façon toute particulière. Il est alors fait de deux petits châssis reliés ensemble et prenant chacun sa couleur sur un fournisseur spécial. Dans le cas ordinaire, le châssis est tiré par une branche qui n'a pas de jeu et ne supporte pas de choc. Le châssis roule dans la glissière, sans traîneau, ni autres accessoires. Il ne fait qu'un mouvement rectiligne.

Dans le cas d'une impression à plusieurs couleurs avec la même planche, le châssis porte sur un traîneau qui occupe diverses positions dans la glissière, elle-même modifiée (fig. 70). Au lieu de décrire la marche du traîneau, nous donnons trois croquis repré-

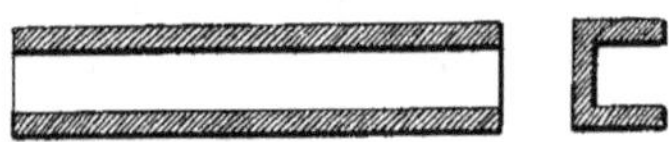

Fig. 68. — Glissière ordinaire.

sentant les trois positions diverses qu'il occupe (fig. 70. A. B. C).

Nous ne figurons pas ici le châssis qui est censé être sur le traîneau. Le croquis (fig. 70) représente la glissière de droite de

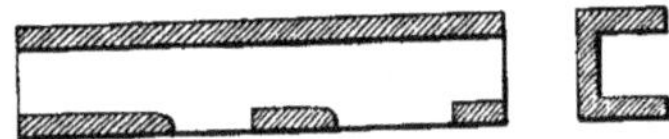

Fig. 69. — Glissière pour compartiment.

la troisième couleur d'une machine perrotine à quatre couleurs. En C (fig. 70), la planche prend la couleur sur le châssis. En B.

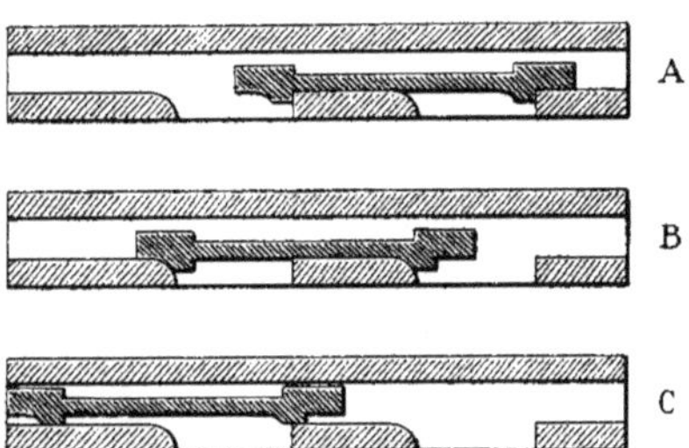

Fig. 70. — Glissière pour compartiment avec les positions du traîneau en A. B. C.

temps d'arrêt pendant lequel les fournisseurs garnissent le châssis de couleur En A (fig. 70), temps d'arrêt extrême pendant lequel la planche va imprimer sur le tissu.

Par cette disposition bien construite on peut, avec une perrotine à quatre couleurs en imprimer simultanément treize. Les dessins doivent être choisis tout particulièrement.

Si l'on veut imprimer des bandes, on modifie encore le fournisseur qui, au lieu d'être un cylindre tournant dans la couleur, se trouve être formé d'une série de cylindres plongeant dans des godets spéciaux à chaque couleur.

FONDUS A LA PLANCHE

L'impression, comme elle se fait en général, à la main, au rouleau ou à la perrotine, ne donne qu'une seule couleur. On est arrivé par des moyens détournés à produire, avec une planche unique, non seulement la dégradation d'un ton, mais encore plusieurs couleurs diverses se fondant l'une sur l'autre comme dans l'arc-en-ciel. On donne à ce genre d'impression le nom de *fondu* ou d'*iris* ou d'*ombrés*.

Le fondu à la planche se fait au moyen de l'agencement suivant : supposons que l'on veuille imprimer un rouge intense allant par dégradations au rose clair, puis passant au vert clair pour terminer par du vert foncé, on préparera une série de couleurs représentant ces divers tons par des coupures différentes. Il est évident que la composition de ces couleurs devra être telle que l'une ne nuise pas à l'autre, qu'il y ait compatibilité d'épaississant, de colorants et de sels. Au lieu de garnir le châssis avec la brosse, comme le tireur le fait d'ordinaire, on installe une série d'autant de godets longs qu'il y a de couleurs. Dans ces godets on plonge une planche d'une construction particulière. Celle-ci est munie de fils métalliques ou de lames qui prennent la couleur déposée dans les godets. Ces fils ou lames servent à transporter les couleurs sur les châssis. Pour former alors le fondu, on promène sur le drap une sorte de rouleau tampon garni de feutre et formé d'autant de petits rouleaux qu'il y a de couleurs. En tamponnant la surface du châssis on fait varier la marche du rouleau de quelques centimètres, soit à droite, soit à gauche, et par cela on égalise ces couleurs et on obtient ainsi le fondu sur le châssis. Pour l'obtenir sur l'étoffe, on prend la couleur au moyen de la planche à imprimer qui est une simple planche unie feutrée et on la dépose sur l'étoffe. La marche du tampon se règle d'après le fondu à faire. Si le fondu doit être en longueur, le tampon ne fonctionnera que dans le sens rectiligne : s'il doit former des festons, il faudra aller en ondes : que le fondu soit à faire en cercle, il faudra tourner le tampon suivant une circonférence avec une des extrémités comme centre et le tampon formant rayon ; mais de toutes façons, il faut s'arranger pour ne mélanger que les couleurs voisines, soit la première avec la seconde, celle-ci avec la troisième, etc., et éviter de faire passer la première dans la troisième, etc. (voir Persoz, t. II, pages 310 et suivantes).

CONSIDÉRATIONS FINALES.

———

Dans les quelques pages qui précèdent, nous avons vu l'origine de l'impression à la planche, ses développements, ses perfectionnements, ses diverses phases de progrès ou de décadence suivant les époques et les pays où cet art était déjà introduit.

Au commencement, avec les moyens primitifs dont on disposait, c'étaient des produits simples n'offrant pas ou peu de difficultés, sans grand goût et en relations avec les besoins des époques où l'on connaissait peu de couleurs à appliquer et encore n'étaient-elles ni solides, ni vives.

Petit à petit, les besoins augmentèrent, le goût s'affina et cet art, qui n'était pratiqué que par quelques personnes et dans les cloîtres, devint une industrie. Vers les xiiie et xive siècles, les couleurs se perfectionnèrent et, avec elles, les genres créés furent plus riches ; puis vinrent les étoffes d'O'rient qui provoquèrent une sorte de révolution, tant dans les dessins que dans les couleurs et les modes d'applications. On arriva alors à faire des pièces remarquables sans précisément dériver de l'Orient, mais sous l'influence du moment et, dirons-nous, de l'air artistique ambiant : nous signalerons comme pièce caractéristique de l'époque, la tenture de Sion qui ne comporte cependant que deux couleurs.

Cette pièce décèle déjà une grande science dans l'arrangement des sujets et dans la gravure des motifs remarquablement rendus tout en n'ayant, nous le répétons, que deux couleurs : noir et rouge. Vinrent ensuite, d'une part les toiles de Gênes, point de départ des genres meubles à grand effet et qui eurent leur époque la plus brillante vers 1780-1790 ; d'autre part, les impressions de France caractérisées par le nom d'indiennes de Jouy qui eurent leur vogue jusque vers 1810-1820. Les machines détrônèrent l'impression à la main, qui cependant eut encore de beaux jours et nous donna à cette époque les lastings, les meubles, etc. Les perfectionnements mécaniques reléguèrent l'impression à la main au second plan. Cependant vers la fin du xix° siècle l'industrie ne recula devant aucune difficulté et, au commencement du xx° siècle, nous voyons éclore des fabrications qu'il eût été de toute impossibilité de produire il y a un demi-siècle.

Pour clore cet opuscule et à titre de comparaison à établir entre les produits du commencement de notre ère et ce que le siècle actuel réalise, nous pensons bien faire en mettant sous les yeux de nos lecteurs la reproduction d'une tenture dans laquelle nous trouvons condensés et réunis tous les procédés, tous les perfectionnements dus à la gravure à la main, à la chimie. Ce panneau, devenu rare, de la fabrication de M. Ch. Steiner de Ribeauvillé, et qui a figuré avec honneur à l'Exposition universelle de 1900, de Paris, a été dessiné par MM. Martin et Couder de Paris ; il présente avec sa bordure une surface de 3 mètres de hauteur sur 2 m. 10 de large. Toutes les couleurs solides employées en 1900 (sauf l'indigo et le vert Guignet remplacés, l'un par le bleu de Prusse très résistant à la lumière et l'autre, par le bleu de Prusse et le jaune de chrôme) y figurent. Tout d'abord on voit que cette pièce, eu égard à ses dimensions et aux difficultés techniques qu'elle présente, ne peut s'exécuter qu'en impression à la main (fig. 71).

Le sujet, partagé en rectangles de 30 centimètres sur 50, dimensions convenables pour une planche, fournit pour les premières mains : 48 planches : 8 en largeur, 6 en hauteur.

Le tissu est d'abord teint en rouge d'andrinople à l'alizarine artificielle, puis après les opérations d'avivage etc., on a imprimé :

Blanc enlevage	48 planches
Jaune enlevage	48 »
Bleu foncé enlevage	34 »
4 tons de bleu clair enlevage .	25 »
Vert foncé enlevage (jaune et	
bleu).	48 »
Vert clair enlevage.	48 »
Soit	251 planches

L'étoffe est passée en cuve décolorante pour développer le blanc, le jaune et le vert. Bien nettoyée par lavage, chlorage au tambour, mise sur pré quelques jours suivant les besoins ; puis on rentre les différentes couleurs vapeur dont certaines, en tombant sur les couleurs d'enlevage, nuancent celles-ci.

Pour les rentrures, on a partagé en deux les planches d'impressions dites de contour ; nous avons alors :

Noir (au noir réduit)	95 planches
Rouge foncé à l'alizarine . . .	22 »
Rouge moyen à l'alizarine . .	30 »
Rose moyen à l'alizarine . . .	30 »

Chair moyen à l'alizarine. . . . 20 planches
Orange à l'alizarine nitrée . . 17 »
Gris et modes (6 couleurs) faites
    au noir d'alizarine mélangé de
    brun d'anthracène, de bleu
    d'alizarine, de jaune d'alizarine 85 »
Bruns et bois (7 couleurs) au
    brun d'anthracène, modifié par
    du rouge, noir, bleu, jaune
    d'alizarine . . . . 139 »
Olives (3 couleurs) vert céru-
    léine modifié par brun d'an-
    thracène, jaune, noir et rouge
    d'alizarine . . . . 52 »
Violet (2 couleurs) à l'alizarine
    Bordeaux . . . . 16 »

               Total . . . 506 planches

Vaporiser, laver, apprêter, puis imprimer l'or (mastic à l'huile de lin saupoudré de bronze de Nuremberg) : 67 planches. La bordure beaucoup plus simple n'a que 16 planches. Nous avons donc en résumé :

    Enlevages . . . . 251 planches
    Rentrures vapeur . . . . . 506 »
    Application d'or . . . . . 67 »
    Bordure . . . . 16 »

       Total pour le panneau. 840 planches

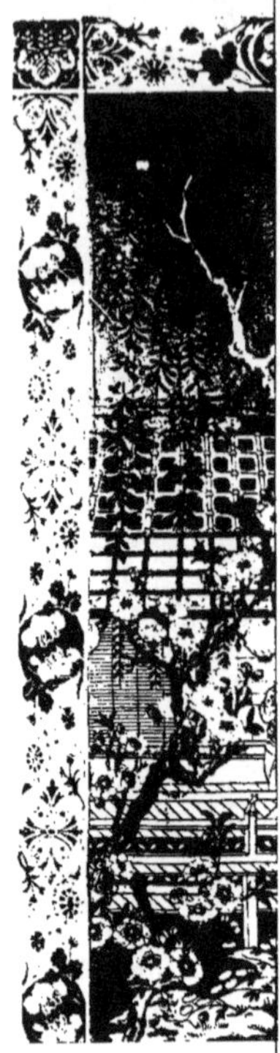

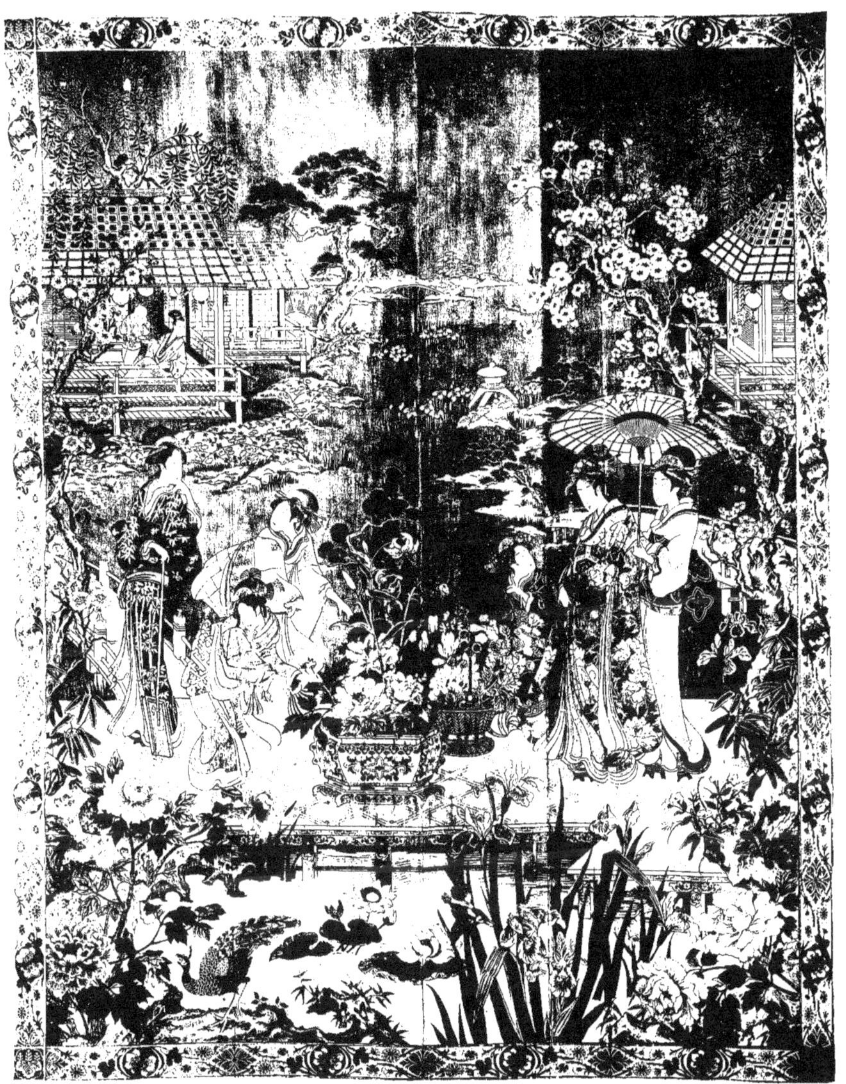

Fig. 71 — Reproduction du panneau de M. Steiner.
Grandeur naturelle. Longueur : 3ᵐ; largeur : 2ᵐ65;

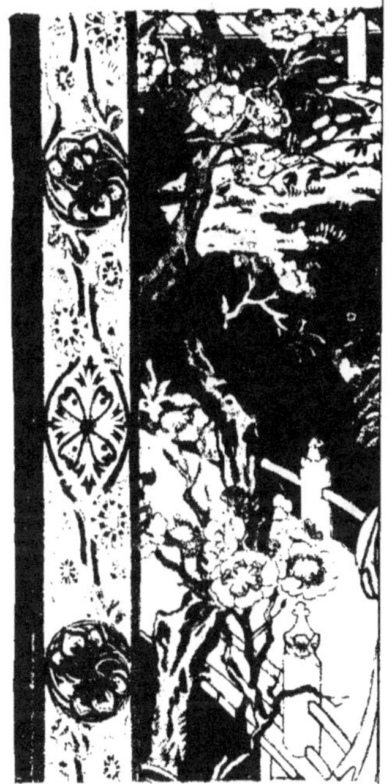

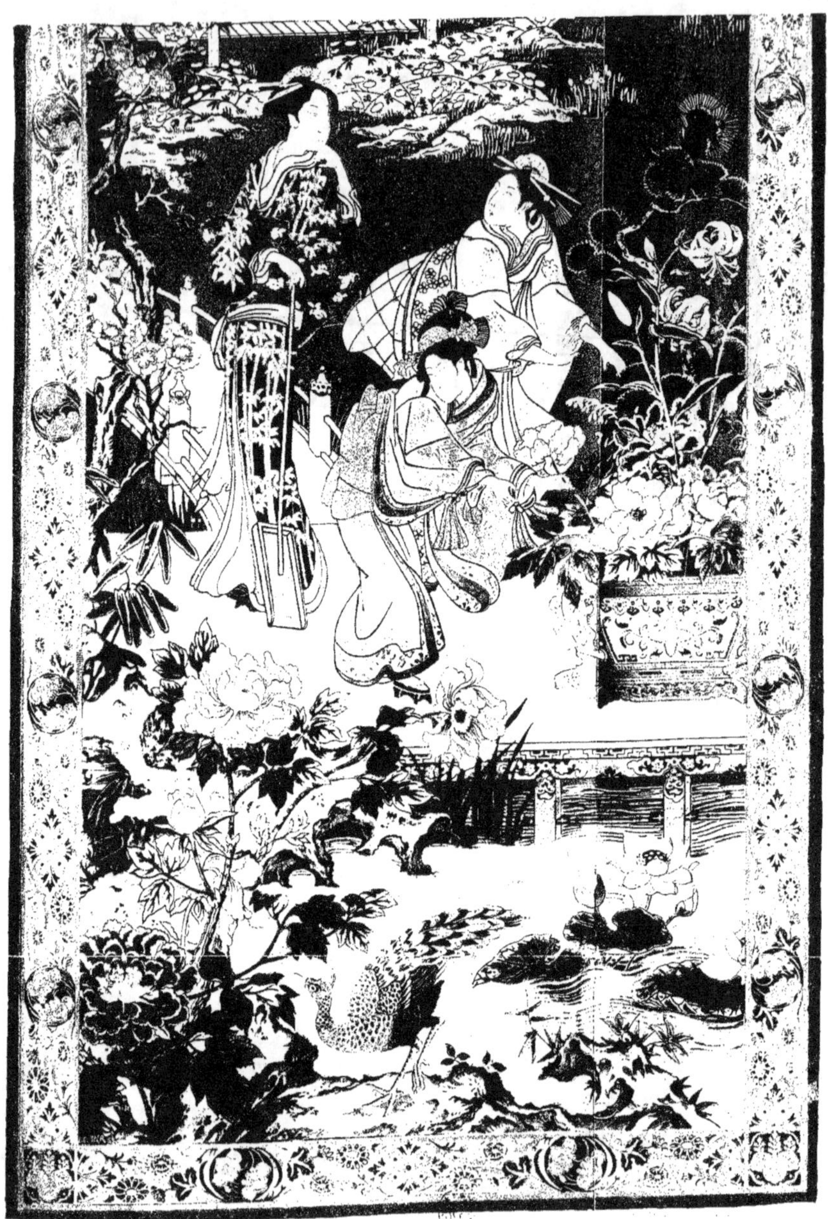

Fig. 71

Si nous avons choisi parmi nombre d'autres ce spécimen comme type à présenter à nos lecteurs pour rappeler notre époque, c'est que cette magnifique pièce résume en quelque sorte la somme des efforts de toute nature tentés de nos jours dans la belle fabrication de la toile peinte à la main.

Qui sait ce qu'en penseront nos arrière-neveux dans un laps de temps peut-être peu éloigné où, avec les pas gigantesques que fait le progrès, ils arriveront eux aussi à produire des merveilles dont nous n'avons présentement aucune idée. C'est du reste la caractéristique du progrès de nous habituer peu à peu à regarder comme faciles des méthodes qui la veille eussent été considérées comme irréalisables.

ADDENDUM.

Outre le bois, les métaux divers, on a aussi employé d'autres
matières pour faire les planches d'impressions. D'après M. Mit-
Sui, on emploie au Japon des planches *en papier*. Des spécimens
de ce genre figuraient dans la classe 60, matériel de l'impression,
à l'Exposition universelle de Paris de 1878 (voir *Etudes sur l'Exposition de Paris de 1878*, tome VI, page 453).

TABLE DES PLANCHES ET FIGURES.

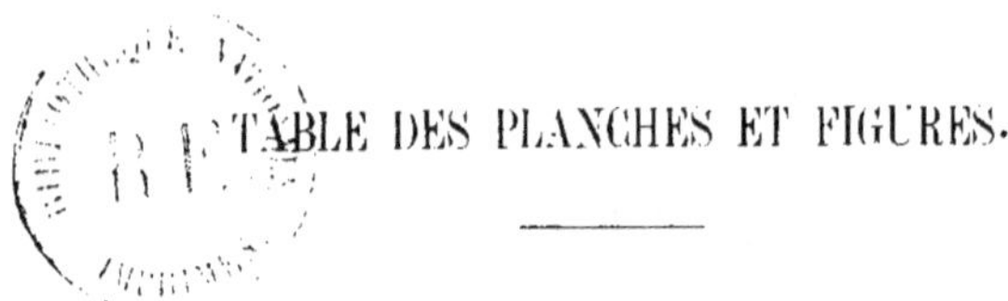

TABLE ANALYTIQUE DES MATIÈRES.

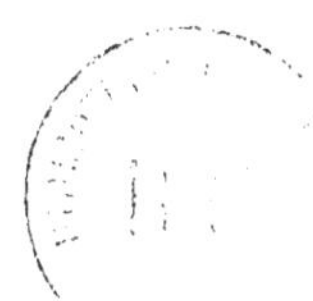

TABLE ALPHABÉTIQUE

Les noms propres de **personnes** *sont en italique.*
Tous les autres noms propres sont en caractères ordinaires.

ERRATA

Pages	lignes	au lieu de	lisez
2	23	caractérise	caractérisent
3	12	nous parle	nous parle, à ce sujet
7	9-10	appelé procédé	appelé procédé
		la réserve	à la réserve
11	18	spécimens	spécimens destinés
		surtout en réserve	surtout aux réserves
12	13	qu'il	qu'ils
12 *ter*	6	Mulhouse 1910	Mulhouse 1909, page 464
15	29	Schorn	Schorn
29	27	ers	lers
32	8	Wohldamast	Wolldamas
33	6	Kunstleeknick	Kunsttechnick
42	18	des	der
45	1	J. Z. Zurcher	J. J. Zurcher
52	28	Balingaen	Balingen
61	10	Inglans	Juglans
63	1	Galinithe	Galalithe
64	28	formes dites plates	formes rondes
		formes rondes	formes dites plates
67	17	fig. 3, planche	fig. 38. Enfoncement
			des picots
71	5	fig. 26 page 65	fig. 26, p. 65
73	25	du drap	de drap
81	28	put	pût
81	29	fut	fût
86	27	stéréotypage	stéréotypage
87	15	valent le kilogramme	valent les 100 kilos
88	16	nécessaire	nécessaires
89	20-21	Persory	Persoz

LAVAL. — IMPRIMERIE L. BARNÉOUD ET Cⁱᵉ.